国家出版基金项目
NATIONAL PUBLICATION FOUNDATION

汉画总录

9

榆阳　清涧　子洲
吴堡　靖边　横山

GUANGXI NORMAL UNIVERSITY PRESS
广西师范大学出版社
·桂林·

The Getty Foundation

本项目研究得到盖蒂基金会的资助。

Research for this publication was supported by a grant from the Getty Foundation.

项目统筹　汤文辉　罗文波　李　琳
责任编辑　李　琳　陈艾利　余慧敏　徐　婷
装帧设计　李若静　陆润彪　刘　凛　黄　赟
责任技编　伍智辉

图书在版编目（CIP）数据

汉画总录. 9，榆阳、清涧、子洲、吴堡、靖边、横山 / 康兰英，朱青生主编. —桂林：广西师范大学出版社，2012.8（2023.3 重印）
　ISBN 978-7-5495-3122-6

Ⅰ．汉… Ⅱ．①康…②朱… Ⅲ．①画像砖－史料－研究－中国－汉代②画像砖－史料－研究－陕西－汉代 Ⅳ．K879.444

中国版本图书馆 CIP 数据核字（2012）第 307370 号

广西师范大学出版社出版发行

（广西桂林市五里店路 9 号　邮政编码：541004）
（网址：http://www.bbtpress.com）

出版人：黄轩庄

全国新华书店经销

广西广大印务有限责任公司印刷

（桂林市临桂区秧塘工业园西城大道北侧广西师范大学出版社集团有限公司创意产业园内　邮政编码：541199）

开本：787 mm×1 092 mm　1/16

印张：14.75　　字数：100 千字

2012 年 8 月第 1 版　　2023 年 3 月第 2 次印刷

定价：800.00 元

如发现印装质量问题，影响阅读，请与出版社发行部门联系调换。

编辑委员会

主任

顾森 周其凤

委员

陈江风 陈履生 陈松长 方拥 高书林 高文 顾森 韩顺发 韩玉祥 何林夏 贺西林
何志国 T.Hoellmann 胡新立 黄雅峰 蒋英炬 康兰英 L.Ledderose 李宏
李江 李世勇 李孝聪 缪哲 L.Nickel 牛天伟 M.Nylan M.Powers J.Rawson
闪修山 苏肇平 唐长寿 王恺 汪悦进 魏学峰 翁剑青 巫鸿 武利华 信立祥 徐婵菲
阎根齐 杨爱国 杨孝军 杨絮飞 游振群 于秋伟 曾繁模 张新宽 赵超 赵殿增
赵化成 郑先兴 郑岩 周其凤 朱存明 朱青生

本卷主编

康兰英 朱青生

本卷主编助理

张欣 陈亮 张文靖 闫坤 郝元义 练春海 华昊 刘冠 徐呈瑞

本卷编辑工作人员

李若静 刘朴 张琦琪 杨超 仝丽丽 郑亚萌 张铭慧 董红卫 张彬彬

序

　　文字记载，图画象形。人性之深奥、文化之丰富俱在文献形相之中；史实之印证、问题之追索无非依靠文字图形。[1] 汉画乃有汉一代形相与图画资料之总称。

　　汉代之前，有各种物质文化遗迹与形相资料传世。但是同时代文献相对缺乏，虽可精观细察，恢复格局，重组现象，拾取位置、结构和图像信息，然而毕竟在紧要处，但凭推测，难于确证。汉代之后，也有各种物质文化遗迹与形相资料传世，但是汉代之前问题不先行获得解释，后代的讨论前提和基础就愈加含糊。尤其渊源不清，则学难究竟。汉代的文献传世较前代为多，近年汉代出土文献日增，虽不足以巨细问题尽然解决，但是与汉代之前相比，判若文献"可征"与"不可征"之别。所以，汉画作为中国形相资料的特殊阶段，据此观察可印之陈述，格局能佐之学理，现象会证之说明；位置靠史实印证，结构倚疏解诠释。因图像信息与文字信息的双重存在，将使汉画成为建立中国图像志，用形相学的方法透入历史、文化和人性的一个独特门类。此汉画作为中国文化研究关键理由之一。

　　两汉之世事人情、典章制度可以用文字表达者俱可在经史子集、竹帛简牍中钩沉索隐，而信仰气度、日常生活不能和不被文字记述者，当在形相资料中考察。形者，形体图像；相者，结构现象。事隔两千年形成古今感受之间的千仞高墙，得汉画其门似可以过入。而中国文明的基业，多始于汉代对前代的总结、集成而制定规范；即使所谓表率万世之儒术，亦为汉儒所解释而使之然。诸子学说亦由汉时学人抄传选择，隐显之功过多在汉人。而道德文章、制度文化之有形迹可以直接回溯者，更是在汉代确立圭臬，千秋传承，大同小异，直至中国现代化来临。往日的学术以文字文献为主，自从进入图像传播时代，摄影、电视造成了人类看待事物的新方法，养成了直接面对图像的解读能力。于是反观历史，对于形相资料的重视与日俱增。因此，由于汉代奠定汉族为主

---

　　[1] 对于古史，有所谓四重证据法：传世文献+出土文献+出土文物+依地形、位置和建筑建构遗存复原的文化环境设想。但任何史实，多少都有余绪流传至今，则可通过现今活态遗存，以今证古，这是西方人类学、文化地理学中使用的方法。例如，可从近日的墓葬石工技艺中考溯汉代制作；再如，今日非物质文化遗产中的祭祀庆典仪式，其中可能有此地同族举行同类型活动的延承，正所谓"礼失而求诸野"。所以，对于某些历史对象，可以采用"六重证据法"：传世文献+出土文献+出土文物+复原的文化环境设想+现今活态遗存+试验考古（即用当时的工具、材料、技术、观念重新试验完成一遍古代特定的任务）。对问题的追索无非依靠文字和形相两种性质的材料，故略称"文字图形"。

1

体的文明而重视汉代，由于读图观相的时代到来而重视图画，此汉画之为中国文化研究关键理由之二。

"汉画"沿用习称。《汉画总录》关注的汉画包括画像石、画像砖、帛画、壁画、器物纹样和重要器物、雕刻、建筑（宗教世俗场所和陵墓）。所以，与《汉画总录》互为表里的国家图像数据库[2]则称之为"汉代形像资料"，是为学术名称。

汉画研究根基在资料整理。图像资料的整理要达到"齐全"方能成为汉画学的基础。所谓齐全，并非奢望汉代遗迹能够完整留存至今，而是将现存遗址残迹，首先确定编号，梳理集中，配上索引，让任何一位学者或观众，有心则可由之而通览汉代的形相资料总体，了解究竟有多少汉代图形存世。能齐观整体概况，则为齐也。如果进一步追索文化、历史和人性的问题，则可利用这个系统，有条理、有次序地进入浩瀚的形相数据，横征纵析，采用计算机详细精密的记录手段和索引技术，获取现有的全部图像材料。与我们陆续提供给学界的"汉代古文献全文数据库"和"中文、西文、日文研究文献数据库"互为参究，就能协助任何课题，在一个整体学科层面上开展，减少重复，杜绝抄袭，推动研究，解决问题。能把握学科动态则为全也。《汉画总录》是与国家图像数据库相辅相成的一个长期文化工程，是依赖全体汉画学者努力方能成就的共同事业。一事功成，全体受益。如果《汉画总录》及其索引系统建成完整、细致、方便的资料系统，汉画学的推进，可望会有飞跃。对其他学科亦不无帮助。

汉画编目和《汉画总录》的编辑是烦琐而细致的工作。其平常在枯燥艰苦的境况中日以继夜。此事几无利益，少有名声，唯一可以告慰的是我们正用耐心的劳动，抹去时间的风尘，使中国文明之光的一段承载——汉画，进入现代学术的学理系统中，信息充溢，条理清楚，惠及学界。况且汉画虽是古代文化资料，毕竟养成和包蕴汉唐雄风；而将雄风之遗在当今呈现，是对中国文明的贡献，也是为人类不同文明之间更为深刻的互相理解和世界在现代化中的发展提示参照。

人生有一事如此可为，夫复何求？

编　者

2006 年 7 月 25 日

---

[2] 2005年文化部将中国汉代图像信息综合调查与数据库项目纳入"国家数据库专项"系统。

编辑体例

《汉画总录》包括编号、图片、图片说明、图像数据、文献目录、索引六部分内容。

1. 编号

为了研究和整理的需要，将现有传世汉画材料统一编号。编号工作归属于一个国家项目协调（《中国汉代图像信息综合调查与数据库》为国家艺术科学"十五"规划项目）。方法是以省、区编号（如陕西 SSX，山西 SX）加市、县，或地区编号（如米脂 MZ）再加序列号（三位），同一汉画组合中的部件在序列号之后加横杠，再加序列号（两位）。比如米脂党家沟左门柱，标示为 SSX-MZ-005-01（说明：陕西—米脂—党家沟画像石墓—左门柱）。编号最终只有技术性排序，即首先根据"地点"的拼音缩写的字母排列顺序，在同一地点的根据工作序列号的顺序排序。

地点是以出土地为第一选择，不在原地但仍然有确切信息断定其出土地的，归到出土地编号，并在图片说明中标示其收藏地和版权所有者。如果只能断定其出土地大区（省、区），则在小区（市、县、地区）部分用"××"表示。比如美国密西根大学博物馆藏的出自山东某地，标示为 SD-××-001。如果完全不能断定其出土地点，则以收藏地点缩写编号。

编号完成之后，索引、通检和引证将大为方便。论及某一个形象或画面，只要标注某编号，不仅简明统一，而且可以在《汉画总录》和与此相表里的国家图像数据库（文化部将中国汉代图像信息综合调查与数据库项目纳入"国家数据库专项"系统）中根据检索方法立即找到其照片、拓片、线图、相关图像和墓葬的全部信息，以及关于这个对象尽可能全面的全部研究成果，甚至将来还可以检索到古文献和出土文献的相关信息，以及同一类型图像或近似图像的公布、保存和研究情况。

2. 图片

记录汉代画像石、画像砖的图片采取拓片、照片和线图相比照的方式处理。[1] 传统著录汉画的方式是拓片，拓片的特点是原尺寸拓印。同时，拓片制作时存在对图像的取舍和捶拓手工轻重粗精之别，而成为独立于原石的艺术品。拓片不能完整记录墓葬中画像砖石的相互衔接和位置关系，以及墓葬内的建筑信息，无法记录画像石上的墨线和色彩，对于非平面的、凹凸起伏的浮雕类画

---

[1] 由于在《汉画总录》的编辑方针中，将线描用于对图像的解释和补充，线描制作者的观点和认识会有助于读者理解，但也形成了一定的误导和局限，因此在无必要时，将逐步减少线描的数量，而把这个工作留待读者在研究时自行完成。

像砖石，也不能有效地记录其立体造型。不同拓片制作者以及每次制得的拓片都会有差异。使用拓片一个有意无意的后果是拓片代替原石成为研究的起点，影响了对画像石的感受和认知。拓片便利了研究的同时也限制了研究。只是有些画像砖石原件已失，仅存拓片，或者原石残损严重，记录画像砖石的拓片则为一种必要的方法。

照片对画像砖石的记录可以反映原件的质地和刻划方法、浮雕的凸凹起伏，能够记录砖石上的墨线和色彩，是高质量的图像记录中不可缺失的环节。线图可以着重、清晰地描绘物像的造型和轮廓，同时作为一种阐释的方法，可以展示、考察、记录研究者对图像的辨识和推证。采取线图、照片、拓片相结合的途径记录画像砖石，可相互取长补短，较为完备。

帛画、壁画和器物纹样一般采用照片和线图。

其他立体图像采用照片、三维计算机图形、平面图和各种推测性的复原图及局部线图。组合图与其他图表的使用，在多部组合关系明确的情况下，一般会给出组合图加以标明，用线描图呈现；在多部组合而关系不明确的情况下则或缺存疑。其他测绘图、剖面图、平面图以及相关列表等均根据需要，随著录列出，视为一种图解性质的"说明"。[2]

3. 图片说明

图片说明分为两个部分。其一是关于图片的基本信息，归入"4. 图像数据"中说明；其二是对于图像内容的描述。描述古代图像时，基于古今处在不同的观念体系中的这一个基本前提，采取不同方式判定图像。

3.1 尝试还原到当时的概念中给予解释[3]，在此方向下通常有两种途径。

3.1.1 检索古代文献中与图像对应的记载或描述，作出判定。但现存的问题，一是并非所有图像都能在文献中找到相应的记载或解释，即缺乏完备性；二是这种对应关系是人为赋予的，文献

---

[2] 根据编辑需要，在材料和技术允许的情况下，会给出部分组合关系图。由于编辑过程受到各种条件的限制，尽其努力也无法解决全卷缺少部分原石图、拓片、线图的情况，或者极个别原石尺寸不齐的情况，目前保持阙如，待今后在补遗卷中争取弥补。

[3] 任何方式中我们都不可能完全脱离今人的认识结构这一立足点，不可能清除解释过程中"我"的存在，难以避免以今人的观念结构去驾驭古代的概念。完全回到当时当地观念中去只是设想。解释策略决定了解释结果。在第一种方式中，我们的目的不是把自己置换到古人的处境中去体验，而是去认识古人所用概念及其间结构关系。

与图像并不存在必然的联系，且不同研究者可能做出不同的判断 [4]；三是现存文献只是当时多种版本的一种，民间工匠制作画像石所依据的口述或文字版本未必与经过梳理的传世文献（多为正史、官方记录和知识分子的叙述）相符。

3.1.2 依据出土壁画上的题记、画像砖石上的榜题、器物上的铭文等出土文字材料，对相应图像做出判定，这种方式切近实况，能反映当时当地的用语，但是能找到对应题记的图像只占图像总体的一小部分。

3.2 在缺失文献的情况下，重构一种图像描述的方式——尽量类型化并具有明晰的公认性。如大量出现的独角兽，在尚不确定称其为"兕"还是"獬豸"时，便暂描述为独角兽，尽管现存汉代文献中可能无"独角兽"一词。同时，图像描述采取结构性方式，即先不做局部意义指定，而是在形状—形象—图画—幅面—建筑结构—地下地上关系—墓葬与生宅的关系—存世遗迹和佚失部分（黑箱）之间的关系等关系结构中，判定图像的性质或意义。尽管没有文字信息，图像在画面和墓葬中的位置和形相关系提供了考察其意义和功能的线索。

在实际图片说明中，上述两种方式往往并用。对图像的描述是在意识到这些问题的情况下展开的，部分指谓和用语延承了以往的研究，部分使用了新词，但都不代表对图像含义的最终判定，而只是一种描述。

4. 图像数据

图片的基本信息（诸如编号、尺寸、质地、时代、出土地、收藏单位等）实际上是图像数据库的一个简明提示。收入的汉画相关信息通过数据库的方式著录，其中包括画像石编号、拓片号、原石照片编号、原石尺寸 [5]、画面尺寸、画面简述、时代、出土时间、征集时间、出土地 [6]、收藏单位、原收藏号、原石状况（现状）、所属墓葬编号 [7]、组合关系、著录与文献等项。文字、质地、色

[4] 关于此前题材判定和分类的方法和问题，参见盛磊《四川汉代画像题材类型问题研究》，硕士学位论文，北京大学，2002年。

[5] 原石尺寸的单位均为厘米，书中不再标识。

[6] 出土与征集的区分以是否经过科学发掘为界，凡经正式发掘（无论考古报告发表与否）均记为出土，凡非正式发掘（即使有明确出土地点和位置）均记为征集。

[7] 所属墓葬因发掘批次和年代各异，故记为发掘时间加当时墓葬编号，如1981M3表示党家沟1981年发掘的第3号墓葬。

彩、制作者、订件人、所在位置、相关器物、鉴定意见、发现人中有可著录者，均在备注项中列出。画像石墓表包括墓葬所在地、时代、墓葬所处地理环境、封土情况、发现和清理发掘时间、墓向、墓葬形制、随葬器物、棺椁尸骨、画像石装置，发现人、发掘主持人也在备注项中注出。建立数据库的目的和价值在于对数据库中的所有记录进行检索、比较、统计、分析，以期达到研究的完备性和规范性。[8]

5. 文献目录

　　文献目录列出一个区域（指对汉画集中地区的归纳，如陕北、南阳、徐州、四川等，多根据汉画研究的分区，而非严格的行政区划）有关汉画内容的古文献、研究论著和论文索引，并附内容提要。在每件汉画著录中列专项注出其相关研究文献。

6. 索引

　　按主题词和关键词建立索引项，待全部工作结束之后，做成总索引。因为《汉画总录》的分卷编辑虽然是按现在保管地区为单位齐头并进，但各种图像材料基本按出土地点各归其所，所以地名部分不出分卷索引，只在总索引中另行编排。

朱青生

北京大学历史学系艺术史教研室

北京大学汉画研究所

2006 年 7 月 31 日

----

　　[8] 对于存在大量样本和繁杂信息的研究对象，数据库的应用是有效的。在考古类型学中，传统的制表耗费时力，且不便记忆和阅读，细碎的分类常有割裂有机整体之弊。《汉画总录》的设想是：（1）无论已有公论还是存疑的图像，一律不沿用旧有的命名及在此基础上的分类，而按一致的规范和方法记录；（2）扩大图像信息的范畴，全面记录相关要素，包括出土状况（发掘/清理/收集）、发现人、出土时间、出土地点及其所属古代区划、画像材质、尺寸、所属墓葬形制、画像位置、随葬器物及其位置、画像保存状况、铭文、已有断代、画像资料出处、相关图片、相关研究、收藏地等。图像则记录单位图像的位置及其间的组合情况；（3）利用数据库，按不同线索和层次对图像信息进行查询、检索，根据统计结果作出判断。

目　录

前　言

目前全国画像石的分布区域，大致划定了四个大区，陕北为其一。按照今天的行政区划，陕北应包括延安、榆林两个地区。早在 20 世纪 20 年代发现郭季妃夫妇合葬墓画像石以来，榆林地区所辖的十二个县中，绥德、米脂、神木、榆阳区、靖边、横山、子洲、清涧、吴堡等地不断发现画像石，截至目前，数量已逾 1200 块。北部相邻的内蒙古地区壁画墓的发现和少量的画像石出土，说明画像石的流行地域已经北至内蒙古包头一带。[1] 东南部隔黄河相望的山西省晋西北离石地区大量和陕北画像石风格相一致的画像石的发现，均打破了今天关于"陕北"的行政区划。而南部与榆林毗连区划属于"陕北"的延安地区却至今未见有汉代画像石出土的报道。

汉代的上郡、西河、朔方等郡同属并州。上郡辖地极广，东部已过黄河，西部至梁山山脉，北部跨越圜水直至无定河流域，南部尽桥山包括了延安地区的部分地域。西河郡本魏地，战国末并入秦。大致范围在今内蒙古伊克昭盟、榆林市、晋西北地区。顺帝永和五年（公元 140 年）汉王朝迫于匈奴的军事威胁，将西河郡治所由内蒙古的平定迁至今山西省离石县。今陕北榆林地区和山西省吕梁地区、内蒙古中南部部分地区分别是上郡和西河郡的辖地，画像石就出在汉代上郡和西河郡的辖地范围内。因此，目前，不论从汉代郡县的格局和范围，还是从今天的行政区划来看，加上画像石出土情况的佐证，"陕北画像石"这一习惯性称谓显然不准确，以行政区划分别称之"榆林地区画像石"、"晋西北画像石"、"伊克昭盟画像石"较为合适。

榆林地区画像石墓主要分布在盛产石板的汉代郡县设置地的周围，即今无定河流域的绥德、米脂、子洲、清涧、吴堡县，突尾河流域的神木县，位于长城沿线，又在无定河流域的榆阳区、横山、靖边三县均有发现。神木县大保当、乔岔滩，榆阳区麻黄梁、红石桥的画像石出土地，已跨越长城以外。画像石中狩猎题材的画面，头戴胡帽、身着异服、脚蹬筒靴的牵驼人，舞者，技击者形象，墓葬中以狗、羊、鹿杀殉的习俗，残留的随葬器物铜马具、带扣等，明显具有匈奴文化特征；肩部篆刻"羌"字的陶罐，明显反映了羌人的遗风。这些实物资料对于研究古代北方多民族聚居的大概情形弥足珍贵。

秦汉时期，上郡、西河郡均为边郡之地，屯兵必多，加上移民实边的人数增加，促进了这一带的农牧业、手工业和商业的大发展，随之产生了众多大地主、大牧主、经商富户，还有那些戍边的将士，他们或者富甲一方，或者权势赫赫，在盛产石板的上郡、西河郡的辖地范围内，众多权势之流、富豪之辈，争相效仿，营造规格相对较高的画像石墓的群体逐渐形成，用画像石装饰

---

[1]　《包头发现汉代彩绘画像石墓》，载《美术观察》2008 年第 11 期，34 页。

墓室的葬俗便风行起来。绥德县黄家塔、四十里铺、延家岔，米脂县官庄，神木县大保当均有大的画像石墓葬群遗存。从铭刻文字的纪年石看，黄家塔、官庄同一墓地近距离内出土的多块铭刻王姓、牛姓的铭文，可证明是王氏、牛氏家族墓地。依据墓葬的排列形式、布局、墓室内的遗存，结合铭刻的文字内容，对于研究家族墓地形成的时代以及家族辈分之间的承袭关系都是不可多得的实物佐证。

汉代上郡、西河郡一带一定有些享誉一时的能工巧匠，绥德黄家塔辽东太守墓出土的画像石上铭刻的"巧工王子、王成"就是其中的代表。神木大保当、绥德郝家沟、榆阳区麻黄梁出土的画像石上，形制规格完全相同的长方形印记，是否就是当时某个活跃在从神木到绥德数百里地域内的知名匠师或石工作坊的标识，也是我们探索诸如区域性艺术和不同工匠的技术水平、传统特色的实物依据。

榆林地区画像石产生、盛行的时代背景（包括政治、经济、文化、观念和习俗），与其他地区画像石的源流关系、地域性差异，制作画像石的匠师、石工的组合及流派，使用格套模本的制作习惯、地域习惯和流行风气等因素所起的作用，同一题材的单元在画像石中的应用、同一题材的画像石在墓室设放的位置，特定区域不同时期的画像题材、技法和风格变化，等等，都是有待进一步追索的课题。

《汉画总录》1-10卷采用数据库方式著录目前所能收集到的画像石的原石照、拓片和线描图，编辑时不对所见材料做任何刻意诠释，而是作为对榆林地区画像石进行整体性观察和研究的较为全面的基础样本。

《汉画总录》编辑部

国家出版基金项目
NATIONAL PUBLICATION FOUNDATION

汉画总录

9

榆阳

编号	SSX-YY-001-01
时代	东汉
原收藏号	y0044
出土地	古城滩南梁村
原石尺寸	99×40
画面尺寸	82×35
质地	砂岩
原石情况	原石左段残缺。
所属墓群	
组合关系	门楣石，与左、右门柱，左、右门扉为墓门面五石组合。
画面简述	画面分上、下两栏。上栏为卷云禽兽图。卷云间一人脚朝后蹬在一犬（兽？）的背上，双手前伸拽住了另一犬（兽？）的尾巴；一人双臂平伸，似与对面的犬（兽？）嬉戏。一羽人跨步向前，手拽怪兽尾，被拽住尾巴的怪兽张口前扑，咬向前面一兽的尾巴；三足鸟静静地站立云头；玉兔在捣药；长尾狐作前扑状；一麒麟缓步慢行；一只小鸟伸颈展翅作向上飞行状。下栏刻画了车骑狩猎图。两猎手策马奔驰，拉满弓射杀拼命逃窜的狐、兔，上空有一朱雀飞翔。右边一辆轩车内乘坐驭手和主人，跟随猎手们疾驰。
著录与文献	李林、康兰英、赵力光：《陕北汉代画象石》，西安：陕西人民出版社，1995 年，图 22；汤池：《中国画像石全集 5：陕西、山西汉画像石》，济南：山东美术出版社，2000 年，图 28。
出土/征集时间	1955 年征集
收藏地	西安碑林博物馆

编号	SSX-YY-001-02
时代	东汉
原收藏号	y0045
出土地	古城滩南梁村
原石尺寸	76×36
画面尺寸	73×28
质地	砂岩
原石情况	原石下段残。
所属墓群	
组合关系	左门柱，与门楣石，右门柱，左、右门扉为墓门面五石组合。
画面简述	画面分上、下两格，上格跳出惯例，没有分格分栏，但画面三部分内容的布局分割清晰。左边卷云禽兽图与门楣石外栏的卷云禽兽图相互衔接，浑然一体。右边上部为头戴胜仗的西王母坐于神山仙树之顶，左、右有羽人跪献灵芝仙草，玉兔持锤捣药；三足鸟立于树干上；一狐肥大的长尾高高翘起在树干间作奔走状；一虎四蹄腾起作前扑状。下部一人头戴平巾帻，身着襜褕，弯腰隆背，双手捧简牍，呈恭敬拜谒之态势。下格刻玄武。
著录与文献	李林、康兰英、赵力光：《陕北汉代画像石》，西安：陕西人民出版社，1995 年，图 23。
出土/征集时间	1955 年征集
收藏地	西安碑林博物馆

编号	SSX-YY-001-03
时代	东汉
原收藏号	y0046
出土地	古城滩南梁村
原石尺寸	87×35
画面尺寸	75×29
质地	砂岩
原石情况	正面平整，边框处多有剥蚀。
所属墓群	
组合关系	右门柱，与门楣石，左门柱，左、右门扉为墓门面五石组合。
画面简述	画面分上、下两格，上格跳出惯例，没有分格分栏，但画面三部分内容的布局分割清晰。右边卷云禽兽图与门楣石外栏的卷云禽兽图相互衔接，浑然一体。左边上部为头戴通天冠的东王公侧坐于神树之顶，与羽人博弈。一龙从山峰中腾起，绕树干朝上。一雄鹿站立。山下一羽人举仙草。下部一人头戴平巾帻，身着襜褕，弯腰隆背，双手捧简（牍？），呈恭敬拜谒之态势。下格刻玄武。
著录与文献	李林、康兰英、赵力光：《陕北汉代画像石》，西安：陕西人民出版社，1995年，图26；汤池：《中国画像石全集5：陕西、山西汉画像石》，济南：山东美术出版社，2000年，图1。
出土/征集时间	1955年征集
收藏地	西安碑林博物馆

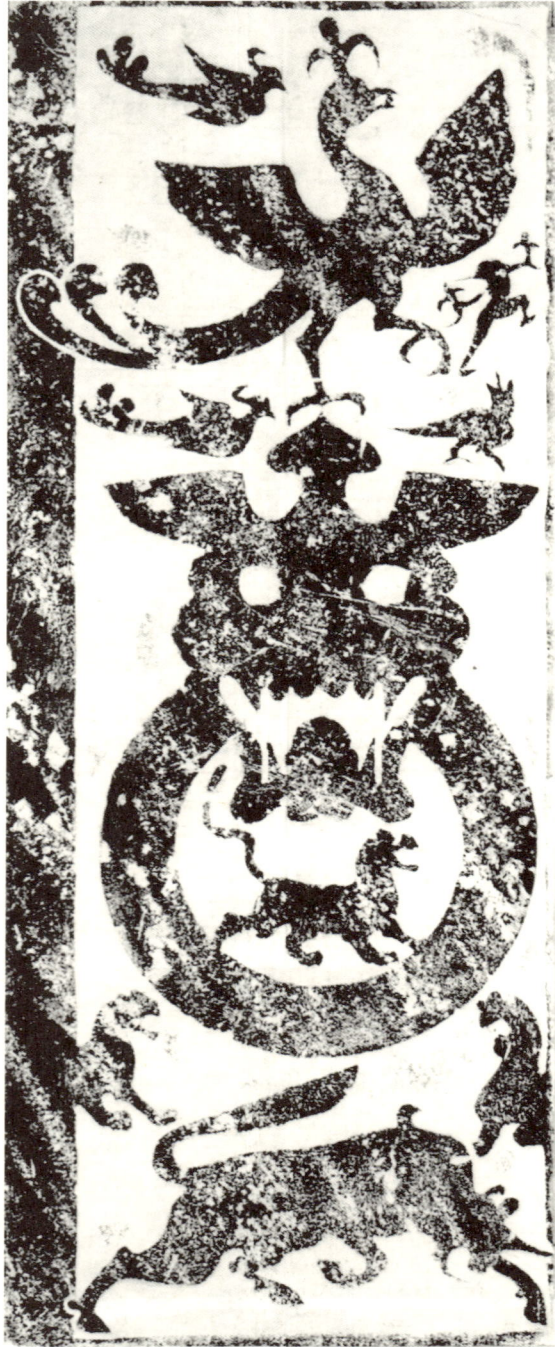

编号	SSX-YY-001-04
时代	东汉
原收藏号	y0047
出土地	古城滩南梁村
原石尺寸	111×50
画面尺寸	97×37
质地	砂岩
原石情况	
所属墓群	
组合关系	左门扉，与门楣石，左、右门柱，右门扉为墓门面五石组合。
画面简述	朱雀、铺首、独角兽。铺首的眼睛阴刻两圆，口衔的环内填一虎。画面空白处补白了朱雀、人面鸟、龙、虎和双手持灵芝的羽人。
著录与文献	李林、康兰英、赵力光：《陕北汉代画像石》，西安：陕西人民出版社，1995年，图24。
出土/征集时间	1955 年征集
收藏地	西安碑林博物馆

编号	SSX-YY-002
时代	东汉
原收藏号	y0023
出土地	古城滩
原石尺寸	113×35×6
画面尺寸	87×34
质地	砂岩
原石情况	右半段残失。
所属墓群	
组合关系	横楣石
画面简述	画面分为内、外两栏。外栏刻车骑行进图。左上端阳刻一圆形，象征日（月）。下端为卷云纹。一辆轩车之前有两执弓箭的骑吏、一荷棨戟的骑吏为前导。内栏刻狩猎图，三个猎手皆拉满弓，追射奔逃的狐、兔、羊。
著录与文献	未发表
出土/征集时间	1994 年征集
收藏地	榆林市汉画像石馆

编号	SSX-YY-003
时代	东汉
原收藏号	y0026
出土地	古城滩
原石尺寸	84×37×6
画面尺寸	52×26
质地	砂岩
原石情况	原石上段残佚。
所属墓群	1994M3
组合关系	
画面简述	画面分上、下两格，上格分为内、外两栏。外栏刻卷云纹图。内栏执彗门吏。下格为玄武。
著录与文献	未发表
出土/征集时间	1994 年征集
收藏地	榆林市汉画像石馆

编号	SSX-YY-004
时代	东汉
原收藏号	y0027
出土地	古城滩
原石尺寸	112×35×6
画面尺寸	87×30
质地	砂岩
原石情况	
所属墓群	
组合关系	
画面简述	画面分为上、下两格，上格分为内、外两栏。内栏上刻东王公坐于神山仙树之上，两羽人跪侍于左右，树干间有仙鹤、狐、鹿，下刻执彗门吏。外栏为卷云禽兽纹。下格刻玄武。
著录与文献	未发表
出土/征集时间	1994 年征集
收藏地	榆林市汉画像石馆

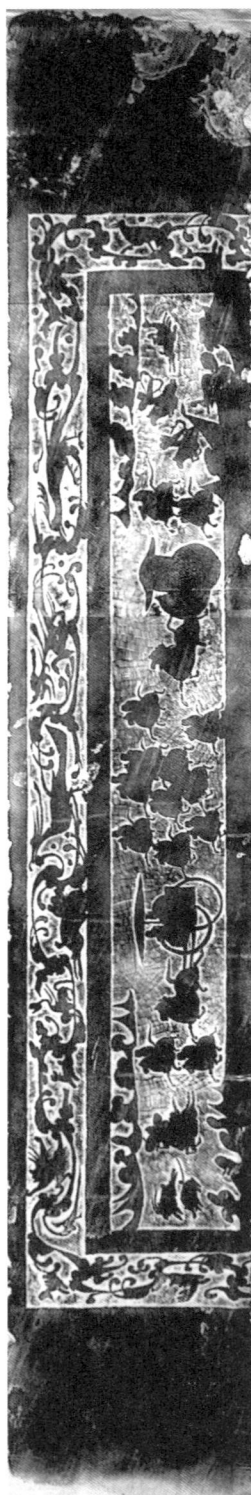

编号　SSX-YY-005-01

时代　东汉

原收藏号　y0018

出土地　红石桥乡古坡界

原石尺寸　210×33×10

画面尺寸　155×31

质地　砂岩

原石情况　楣石的背面可看出经过修整。上、下两侧面有不规则的刀凿痕。左、右两侧面修整后成斜坡状。

所属墓群　1994M1

组合关系　门楣石。与左、右门柱为墓门面三石组合。

画面简述　画面分为内、外两栏。外栏为流云禽兽纹图。右两边刻画连绵起伏的山峰，有野猪、野牛、野骆驼出没其间。图中一辆轺车，前有两导骑，后跟两从卫。轺车与辐车之间八骑更随行。物像用刀的划痕非常明显，物像外系平口刀减地。内栏为狩猎图。左、右两边刻画连绵起伏的山峰，有朱雀、鸟、龙、鹿等难以辨认的禽兽。被猎手张弓策马追射的野兽仓皇奔逃。中间刻绘车骑出行，马的造型偏于肥，虽皆为奔走状，但各具姿式，情态相异。出土时墨线痕迹清晰可见。

著录与文献　汤池：《中国画像石全集 5：陕西、山西汉画像石》，济南：山东美术出版社，2000 年，图 19。

出土/征集时间　1994 年征集

收藏地　榆林市汉画像石馆

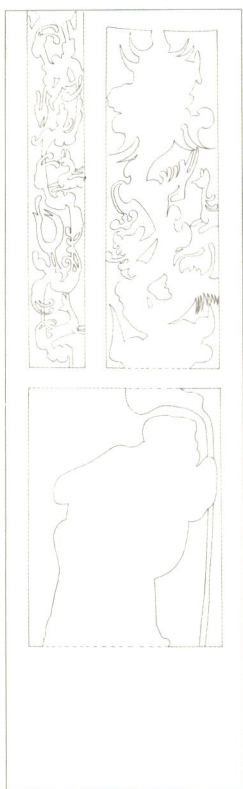

编号	SSX-YY-005-02
时代	东汉
原收藏号	y0019
出土地	红石桥乡古城界
原石尺寸	116×34×10
画面尺寸	93×28
质地	砂岩
原石情况	正面平整，背面、上、下、左、右四个侧面均稍作修整，石面欠平整。
所属墓群	
组合关系	左门柱，与门楣石、右门柱为墓门面三石组合。
画面简述	画面分为上、下两格，上格分内、外两栏。外栏为流云禽兽纹图，与门楣石外栏流云禽兽纹图相衔接。流云间填刻了怪兽。内栏东王公臂背生翼，侧面坐于神山仙树上，坐下、树干间流云飘绕，下格一门吏身着宽袍，隆背弯腰，拥慧面门而立。出土时东王公、门吏的鼻、眼、口、衣纹、衣褶均用墨线勾画，口涂朱红。
著录与文献	汤池：《中国画像石全集5：陕西、山西汉画像石》，济南：山东美术出版社，2000年，图14。
出土/征集时间	1994年征集
收藏地	榆林市汉画像石馆

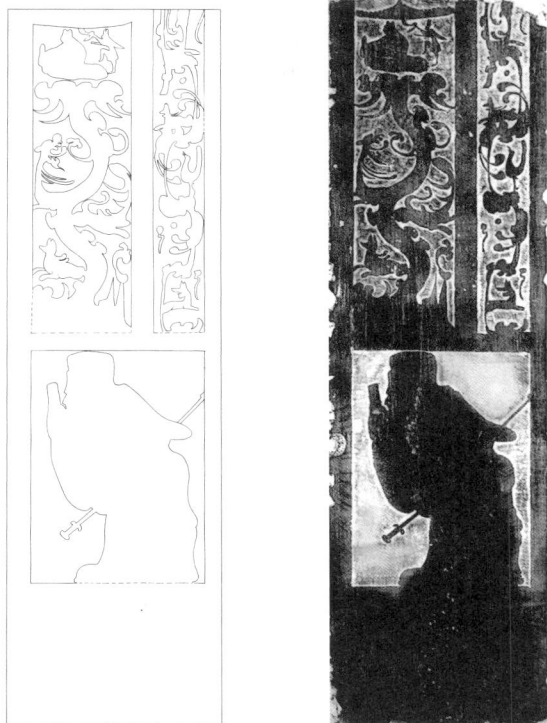

编号	SSX-YY-005-03
时代	东汉
原收藏号	y0020
出土地	红石桥乡古城界
原石尺寸	118×34×10
画面尺寸	92×27
质地	砂岩
原石情况	背面，上、下、左、右四个侧面均稍作修整，石面欠平整，有明显凿痕。
所属墓群	
组合关系	右门柱，与门楣石、左门柱为墓门面三石组合。
画面简述	画面分为上、下两格，上格分内、外两栏。外栏为流云禽兽纹图，与门楣石外栏流云禽兽纹图相衔接。流云间填刻了怪兽。内栏西王母头梳双髻，着袍侧面坐于神山仙树上，上有伞形华盖，西王母身后羽人跨步向前，用手去扶华盖下坠的飘带。树干间流云飘绕，一有翼之兔（狐？）奔走。下格一门吏着袍，腰佩长剑，隆背弯腰，双手捧牍简面门而立。出土时东王公、门吏的鼻、眼、口、衣纹、衣褶均用墨线勾画，口涂朱红。荷剑吏的衣袍通染红彩。
著录与文献	汤池：《中国画像石全集5：陕西、山西汉画像石》，济南：山东美术出版社，2000年，图15。
出土/征集时间	1994年征集
收藏地	榆林市汉画像石馆

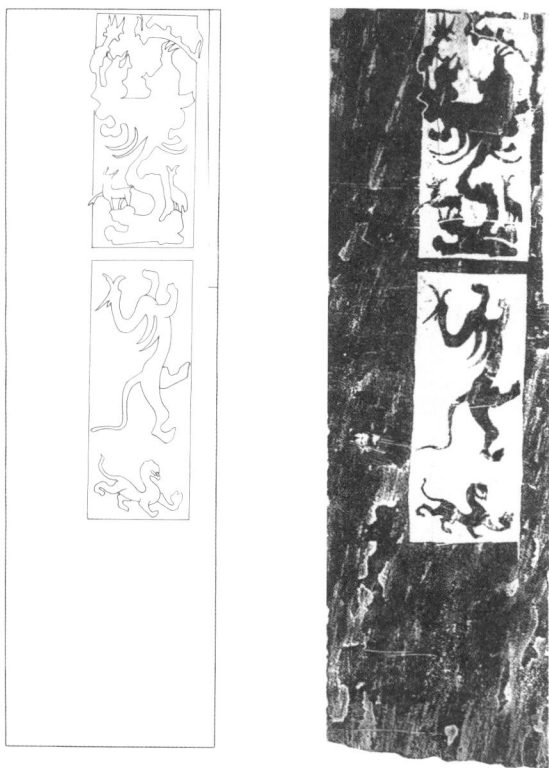

编号	SSX-YY-006-01
时代	东汉
原收藏号	y0021
出土地	红石桥乡古城界
原石尺寸	125×35×11
画面尺寸	87×18
质地	砂岩
原石情况	正面、背面平整。上侧面平整，凿人字纹。左、右侧面平整，均有粗条凿纹。下侧面呈毛石状。
所属墓群	
组合关系	左门柱，与右门柱为二石组合。
画面简述	画面分为上、下两格。上格刻画东王公头戴山形冠（王冠？），着袍侧坐于神山仙树上，伸出右手向前平摊。面前两怪兽跪侍。树干间一雄鹿抬一腿作迈步行进状，一怪兽站立。头顶云气缭绕。下格刻一翼龙、一虎。物像减地有凿麻点、条纹的刻凿痕。
著录与文献	汤池：《中国画像石全集 5：陕西、山西汉画像石》，济南：山东美术出版社，2000 年，图 16。
出土/征集时间	1994 年征集
收藏地	榆林市汉画像石馆

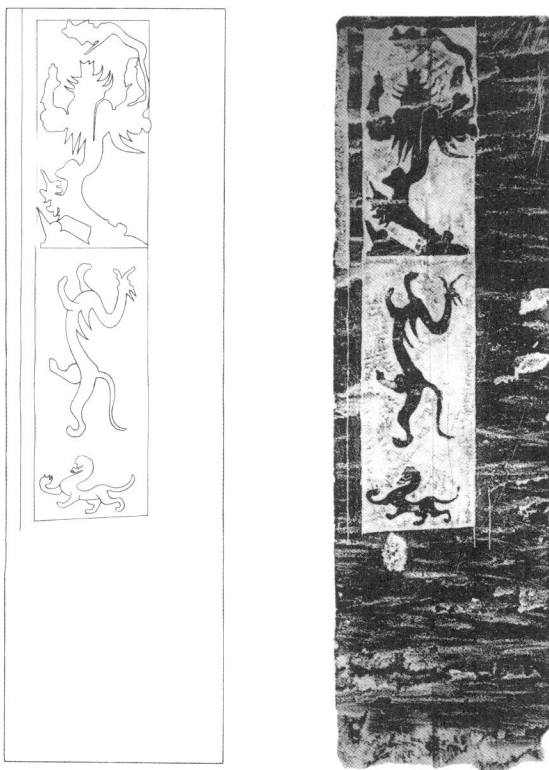

编号	SSX-YY-006-02
时代	东汉
原收藏号	y0022
出土地	红石桥乡古城界
原石尺寸	125×35×11
画面尺寸	84×19
质地	砂岩
原石情况	正面、背面平整。上侧面平整，凿人字纹。左、右、下侧面平整，均有粗条凿纹。
所属墓群	
组合关系	右门柱，与左门柱为二石组合。
画面简述	画面分为上、下两格。上格刻画西王母头戴山形冠（王冠？），背生羽翼，着袍侧坐于神山仙树上，左、右有仙人跪侍。头顶云气飘绕。下格刻一翼龙、一虎。物象减地，亦有凿麻点、条纹的刻凿痕。
著录与文献	汤池：《中国画像石全集5：陕西、山西汉画像石》，济南：山东美术出版社，2000年，图17。
出土/征集时间	1994年征集
收藏地	榆林市汉画像石馆

编　号	SSX-YY-007
时　代	东汉
原收藏号	y0025
出土地	红石桥乡古城界
原石尺寸	174×36×8
画面尺寸	158×27
质　地	砂岩
原石情况	原石断为两截。正面平整，背角欠平整；上侧面平整；下侧面半整，中间76厘米段凿刻规整的人字纹；左、右侧面呈毛石状。
所属墓群	1994M3
组合关系	门楣石
画面简述	画面分为上、下两栏。上栏刻画卷云端兽纹。两端各阳刻一圆形，象征日、月。下栏为车骑狩猎图。左右两辆轺车，均前有导骑、驭手、导骑皆头戴平巾帻。右为狩猎图，最前面的猎手飞扬于奔的马背上反身朝后，套猎堂惊恐逃命的兔。庵后面的猎手张满弓追射猎物。图中共六匹马，各俱情态，无一雷同。出土时，可看出原物像用墨线勾画的痕迹和用刀的凿痕。减地部分留有明显凿刻的麻点。
著录与文献	汤池：《中国画像石全集 5：陕西、山西汉画像石》，济南：山东美术出版社，2000年，图18。
出土/征集时间	1994年征集
收藏地	榆林市汉画像石馆

编号	SSX-YY-008-01
时代	东汉
原收藏号	y0011
出土地	金鸡滩南梁村
原石尺寸	129×47×11
画面尺寸	106×26
质地	砂岩
原石情况	正面、背面平整，上、下、左、右四个侧面均做过修整，有明显的条纹凿痕。
所属墓群	
组合关系	左门柱，与右门柱为二石组合。
画面简述	画面分为内、外两栏。外栏为流云纹，其间填刻龙、虎、怪兽。内栏西王母头戴胜仗，背生羽翅，高居于神树之巅。左上方吊挂一长方形物件。树干间填刻仙鹤、朱鹭、飞鸟、麒麟。下格一立柱插在一圆形座上，又穿过一圆形物，再向上延伸，支撑一博山炉炉盖状的物体，此物边缘呈锯齿形。顶上有下粗上细的杆状物竖立。两边有两鸟飞翔，中间圆形物上，玉兔身着长袍，一手按钵，一手持杵捣药。一神怪面向玉兔伸手（？）。两圆形物之间亦有两鸟飞翔。
著录与文献	汤池：《中国画像石全集5：陕西、山西汉画像石》，济南：山东美术出版社，2000年，图12。
出土/征集时间	1994年征集
收藏地	榆林市汉画像石馆

编号	SSX-YY-008-02
时代	东汉
原收藏号	y0012
出土地	金鸡滩南梁村
原石尺寸	128×47×10
画面尺寸	105×26
质地	砂岩
原石情况	背面平整，有剥蚀痕；上侧面呈毛石状；下、左、右三个侧面均做过修整，有明显的条纹凿痕。
所属墓群	1993M1
组合关系	右门柱，与左门柱为二石组合。
画面简述	画面分为内、外两栏。外栏为流云纹，其间填刻龙、虎、怪兽。内栏东王公背生羽翅，身着宽袍，高居于神树之巅。树干间填刻鹅、龙、羊(？)。下格一立柱插在一圆形座上，又穿过一圆形物，再向上延伸，支撑一博山炉炉盖状的物体，此物边缘呈不规则锯齿形。中间圆形物上，玉兔头梳高髻，背生羽翼，持杵呈捣药状。
著录与文献	汤池：《中国画像石全集 5：陕西、山西汉画像石》，济南：山东美术出版社，2000 年，图 13。
出土/征集时间	1994 年征集
收藏地	榆林市汉画像石馆

编号　SSX-YY-009-01

时代　东汉

原收藏号　y0039

出土地　金鸡滩南梁村

原石尺寸　192×34×7

画面尺寸　148×30

质地　砂岩

原石情况

所属墓群

组合关系　门楣石，与左、右门柱、左、右门楣为墓门面五石组合。

画面简述　画面分为内、外两栏。外栏为卷云纹。内栏刻画车骑行进图。图中一辆轺车，两辆辎车，一辆屏车鱼贯而行。一骑吏前导，每辆车的条辐清晰可见。下边框左、右均阴刻直线，方框图形，其意不明。

著录与文献　未发表

出土/征集时间　1994 年征集

收藏地　榆林市汉画像石馆

备注　画面中拉车的马明显使用同一模板制作。

编号	SSX-YY-009-02
时代	东汉
原收藏号	y0040
出土地	金鸡滩南梁村
原石尺寸	124×35×6
画面尺寸	86×26
质地	砂岩
原石情况	
所属墓群	
组合关系	左门柱，与门楣石，右门柱，左、右门扉为墓门面五石组合。
画面简述	画面分为上、下两格，上格分为内、外两栏。外栏为卷云纹，与门楣石外栏卷云纹衔接。内栏自上而下分为四格，第一格刻画两人，一人头戴进贤冠，身着襜褕，左手朝前伸出，似在说唱。另一人头戴平巾帻，身着长袍，怀抱一鼓状物，跟随其后，似在伴奏。第二格为舞蹈图，两妇人都头梳垂髻髾，舞伎身着袿衣，挥袖起舞。观看者身着长袍站立。第三格亦为舞蹈图，舞伎戴冠着拖地长裙，挥臂跳长袖舞。其左一妇人头梳垂髻髾，怀抱鼓形物（鼗鼓？）伴奏。第四格一雄鹿卧伏。下格刻一翼虎。
著录与文献	未发表
出土/征集时间	1994 年征集
收藏地	榆林市汉画像石馆

编号	SSX-YY-009-03
时代	东汉
原收藏号	y0041
出土地	金鸡滩南梁村
原石尺寸	124×34×6
画面尺寸	82×26
质地	砂岩
原石情况	
所属墓群	
组合关系	右门柱，与门楣石，左门柱，左、右门扉为墓门面五石组合。
画面简述	画面分为上、下两格，上格分为内、外两栏。外栏为卷云纹，与门楣石外栏卷云纹衔接。内栏自上而下分为四格，第一格刻画两人，一人头戴进贤冠，身着襜褕，左手朝前伸出，似在说唱。另一人头戴平巾帻，身着长袍，怀抱一鼓状物，跟随其后，似在伴奏。第二格为舞蹈图，两妇人都头梳垂髫髻，舞伎身着袿衣，挥袖起舞。观看者身着长袍站立。第三格亦为舞蹈图，舞伎戴冠着拖地长裙，挥臂跳长袖舞。其右一妇人头梳垂髫髻，怀抱鼓形物（鼙鼓？）伴奏。第四格一雄鹿卧伏。下格刻一翼龙。
著录与文献	未发表
出土/征集时间	1994 年征集
收藏地	榆林市汉画像石馆
备注	左、右门柱除内栏第四格龙虎变化外，其余画面使用同一模板制作。

编号	SSX-YY-009-04
时代	东汉
原收藏号	y0042
出土地	金鸡滩南梁村
原石尺寸	108×48×6
画面尺寸	95×36
质地	砂岩
原石情况	
所属墓群	
组合关系	左门扉，与门楣石，左、右门柱，右门扉为墓门面五石组合。
画面简述	朱雀、铺首、独角兽。铺首的眉、眼、鼻、齿均阴线刻画。空白处填刻仙草、鸡、鸭。
著录与文献	未发表
出土/征集时间	1994年征集
收藏地	榆林市汉画像石馆

编号	SSX-YY-009-05
时代	东汉
原收藏号	y0043
出土地	金鸡滩南梁村
原石尺寸	108×47×6
画面尺寸	94×37
质地	砂岩
原石情况	
所属墓群	
组合关系	右门扉，与门楣石、左、右门柱，左门扉为墓门面五石组合。
画面简述	朱雀、铺首、独角兽。铺首的眉、眼、鼻、齿均阴线刻画。空白处填刻仙草、鸡、鸭。
著录与文献	未发表
出土/征集时间	1994年征集
收藏地	榆林市汉画像石馆
备注	左、右门扉使用同一模板制作。

编号　SSX-YY-010-01

时代　东汉

原收藏号　y006

出土地　麻黄梁段家湾

原石尺寸　158×38×12

画面尺寸　158×38

质地　砂岩

原石情况　原石断为两截。四个侧面除上侧面呈毛石状、下、左、右侧面均经过修整，有明显的条纹凿痕。

所属墓群

组合关系　门楣石、与左、右门柱、左、右门扉为墓门五面石组合。

画面简述　画面分为上、下两栏，分栏线很细且断断续续。上栏纹样漫漶不清。下栏画面左、右两边是连绵起伏的山峦和茂密的森林。各种小动物出没其间，有三猎手骑马追射。一人左手持杖，右手拉缰绳，牵着骆驼行进。一辆轩车，一辆辎车，刚出土驭手拉缰扬鞭，策马奔驰。后面一辆箱式车（或为灵车）跟随，驭手在车厢内，仅见其手臂。四骑吏伴随于左右。时，仙鹤，边饰，乘车人的衣服，驾车的马以及其余动物身上均涂朱红，色彩鲜艳。空白处补白了狐，飞鸟。

著录与文献　汤池：《中国画像石全集 5：陕西、山西汉画像石》，济南：山东美术出版社，2000 年，图 24。

出土/征集时间　1994 年征集

收藏地　榆林市汉画像石馆

编号	SSX-YY-010-02
时代	东汉
原收藏号	y007
出土地	麻黄梁段家湾
原石尺寸	112×32×8
画面尺寸	99×27
质地	砂岩
原石情况	原石断为两截。正面、背面平整；上、左、右侧面平整，凿人字纹；下侧面呈毛石状态。
所属墓群	
组合关系	左门柱，与门楣石，右门柱，左、右门扉为墓门面五石组合。
画面简述	画面分上、下两格。上格刻阁楼式门阙（观？），楼内二人对坐。第一层两侧屋檐和第二层左侧屋檐上落站仙禽，第二层屋檐右侧上方有仙禽飞翔。楼柱两边各有仙人跳跃。下格刻一人立翼龙，尾细长，两前爪抓执棨戟。一羽人头生双角，脑后有发髻，左手持枝叶繁茂的仙草，右手执一兽首有柄的不明物，以右脚独立。右下角刻一六瓣花朵，左下角刻一支柿蒂形花叶。
著录与文献	汤池：《中国画像石全集5：陕西、山西汉画像石》，济南：山东美术出版社，2000年，图22。
出土/征集时间	1994年征集
收藏地	榆林市汉画像石馆

编号	SSX-YY-010-03
时代	东汉
原收藏号	y008
出土地	麻黄梁段家湾
原石尺寸	113×32×8
画面尺寸	96×25
质地	砂岩
原石情况	左上角残佚。正面、背面平整；下侧面呈毛石状；上、左、右三个侧面平整，凿人字纹。
所属墓群	
组合关系	右门柱，与门楣石，左门柱，左、右门扉为墓门面五石组合。
画面简述	画面分上、下两格。上格刻阁楼式门阙（观？），楼内二人对坐。屋面落站仙禽。楼柱两边各有仙人跳跃。下格刻一人立翼虎，四爪抓执棨戟。一龙口吐云朵。左下角刻一六瓣花朵，右下角刻一支柿蒂形花叶。出土时阁楼内人物的衣服、楼柱、山间的仙草等皆染朱彩。
著录与文献	汤池：《中国画像石全集5：陕西、山西汉画像石》，济南：山东美术出版社，2000年，图23。
出土/征集时间	1994年征集
收藏地	榆林市汉画像石馆

编号	SSX-YY-010-04
时代	东汉
原收藏号	y009
出土地	麻黄梁段家湾
原石尺寸	105×43×9
画面尺寸	93×36
质地	砂岩
原石情况	原石断为两截，有残缺。正面、背面平整；四个侧面较平整，有明显的人字纹凿痕。
所属墓群	
组合关系	左门扉，与门楣石，左、右门柱、右门扉为墓门面五石组合。
画面简述	朱雀、铺首、独角兽。上刻朱雀抖冠振翅，尾羽的珠毛上翘。铺首头生双角于头顶端竖。两眼位于两耳之下，在脸庞外向两边伸出。朱雀与铺首之间填刻两人，皆头戴山形帽，身着长袍跽坐于两盘状物前，旁置酒具。居左者双手举起，居右者右手前伸（博弈？饮酒？），空白处填刻一鱼、一兽首鸟身的怪物站立。铺首衔环下刻一龙（虎？）；一独角兽；一兽首双角，短尾人身的神怪，左手拄棍，抬足前行；一双峰骆驼站立。出土时独角兽的口、朱雀的羽毛、尾端的珠毛、人物的衣服、对博的棋盘均染朱红彩。
著录与文献	汤池：《中国画像石全集5：陕西、山西汉画像石》，济南：山东美术出版社，2000年，图20。
出土/征集时间	1994年征集
收藏地	榆林市汉画像石馆

编号	SSX-YY-010-05
时代	东汉
原收藏号	y0010
出土地	麻黄梁段家湾
原石尺寸	67×45×9
画面尺寸	63×36
质地	砂岩
原石情况	原石下段残佚。正面、背面平整；四个侧面较平整，有明显的人字纹凿痕。
所属墓群	
组合关系	右门扉，与门楣石，左、右门柱，左门扉为墓门面五石组合。
画面简述	朱雀、铺首、独角兽。(原石下段残失，据惯例推测，下部应有独角兽)上刻朱雀抖冠振翅，尾羽的珠毛上翘。铺首头生双角于头顶端竖。两眼位于两耳之下，在脸庞外向两边伸出。朱雀与铺首之间，填刻了两武士舞剑对打；一人头带山形冠，身着长袍，跽坐于地，伸手扶面前一株高大瑞草；一马伫立。出土时朱雀的羽毛、尾端的珠毛、人物的衣服、对博的棋盘均染朱红彩。
著录与文献	汤池：《中国画像石全集5：陕西、山西汉画像石》，济南：山东美术出版社，2000年，图21。
出土/征集时间	1994 年征集
收藏地	榆林市汉画像石馆

编号	SSX-YY-011
时代	东汉
原收藏号	麻黄梁
出土地	178×37
原石尺寸	145×34
画面尺寸	
质地	砂岩
原石情况	
所属墓群	
组合关系	
画面简述	画面分为内、外两栏。外栏为卷云图。内栏为车骑行进图。两辆轺车，一辆屏车行进。前有两号骑开路，后有一骑史尾随。
著录与文献	未发表
出土/征集时间	1994 年征集
收藏地	榆林市汉画像石馆
备注	画面中骑史所骑之马，驾车之马显显为同一模板刻画制作。

编号	SSX-YY-012-01
时代	东汉
原收藏号	y001
出土地	上盐湾乡
原石尺寸	186×35×8
画面尺寸	156×33
质地	砂岩
原石情况	原石断为两截。正面、背面平整。上、下侧面平整，有凿痕。左、右侧面呈毛石状。
所属墓群	
组合关系	门楣石，与左、右门柱，左、右门扉为墓门面五石组合。
画面简述	画面分为内、外两栏。外栏为卷云瑞兽灵禽图。卷云中填刻雌、雄鹿首，凤鸟，羽人坐于卷云之上。卷云云头幻化出三只鸟首一独角兽首，两只朱雀。内栏为车骑狩猎图。画面左端两妇人皆长裙拖地，居左者发梳垂髻髻，有一孩童在旁。两人似在相随而行。之后两辆轺车用统一模板刻画。车上的驭手双手牵着缰绳，策马而行。主人头戴进贤冠，端坐车中。驾车的马四蹄飞腾，作疾行状。车后一骑吏双手作捧物（袖手？）状，跟随前行的车骑行进。右半边为狩猎图景，两猎手在四蹄腾空、飞奔驰骋的马背上反身朝后，拉满弓朝着拼命奔逃的野羊、鹿、兔、野猪瞄射。画面中动物的眼睛均以阴线刻画。
著录与文献	李林、康兰英、赵力光：《陕北汉代画像石》，西安：陕西人民出版社，1995年，图17；汤池：《中国画像石全集5：陕西、山西汉画像石》，济南：山东美术出版社，2000年，图6。
出土/征集时间	1957年出土
收藏地	榆林市汉画像石馆

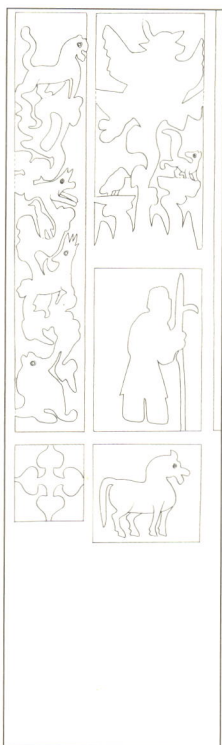

编　　号	SSX-YY-012-02
时　　代	东汉
原收藏号	y002
出 土 地	上盐湾乡
原石尺寸	117×34×8
画面尺寸	82×30
质　　地	砂岩
原石情况	正面、背面平整。上侧面平整，凿不规则条纹。下侧面欠平整。右侧面平整，凿人字纹。左侧面呈毛石状。
所属墓群	
组合关系	左门柱，与门楣石，右门柱，左、右门扉为墓门面五石组合。
画面简述	画面分为上、下两格，上格分内、外两栏。外栏上格为卷云瑞兽灵禽图。一熊扶托云头，卷云间有三角怪兽和奔兔，一虎、一鸟站立。下格阳刻柿蒂纹。内栏为牛首神与门吏图。上格一牛首神，展开肥大的双翅，坐于神山仙树之巅。树干间较低的树顶站立一长尾狐回首而望，一鸟缩颈收翅。中格一门吏头戴平巾帻，身着长襦大袴，持棨戟面门站立。下格一马伫立。画面中动物的眼睛均以阴线刻画。
著录与文献	李林、康兰英、赵力光：《陕北汉代画像石》，西安：陕西人民出版社，1995年，图18；汤池：《中国画像石全集5：陕西、山西汉画像石》，济南：山东美术出版社，2000年，图4。
出土/征集时间	1957年征集
收 藏 地	榆林市汉画像石馆

编号	SSX-YY-012-03
时代	东汉
原收藏号	y003
出土地	上盐湾乡
原石尺寸	116×35×9
画面尺寸	81×30
质地	砂岩
原石情况	正面、背面平整。上侧面平整，凿不规则条纹。下侧面、右侧面呈毛石状。左侧面平整，凿人字纹。
所属墓群	
组合关系	右门柱，与门楣石、左门柱、左、右门扉为墓门面五石组合。
画面简述	画面分为上、下两格，上格分内、外两栏。外栏上格为卷云瑞兽灵禽图。一怪兽站立云头，卷云间幻化出三个兽首、一鸟首。下格阳刻柿蒂纹。内栏为鸡首神与门吏图。上格一鸡首神，展开肥大的双翅，坐于神山仙树之巅。树干间较低的树顶站立一长尾狐回首而望，一鸟缩颈收翅。中格一门吏头戴平巾帻，身着长襦大袴，持棨戟面门站立。下格一马仁立。画面中动物的眼睛均以阴线刻画。
著录与文献	李林、康兰英、赵力光：《陕北汉代画像石》，西安：陕西人民出版社，1995年，图21；汤池：《中国画像石全集5：陕西、山西汉画像石》，济南：山东美术出版社，2000年，图5。
出土/征集时间	1957年出土
收藏地	榆林市汉画像石馆

编号	SSX-YY-012-04
时代	东汉
原收藏号	y004
出土地	上盐湾乡
原石尺寸	107×49×10
画面尺寸	92×38
质地	砂岩
原石情况	正面平整。背面平整，有凿痕。上侧面平整，凿条纹。下、左侧面平整。右侧面平整，凿条纹。
所属墓群	
组合关系	左门扉，与门楣石，左、右门柱，右门扉为墓门面五石组合。
画面简述	朱雀、铺首、独角兽。
著录与文献	李林、康兰英、赵力光：《陕北汉代画像石》，西安：陕西人民出版社，1995年，图19；汤池：《中国画像石全集5：陕西、山西汉画像石》，济南：山东美术出版社，2000年，图2。
出土/征集时间	1957年出土
收藏地	榆林市汉画像石馆

编号	SSX-YY-012-05
时代	东汉
原收藏号	y005
出土地	上盐湾乡
原石尺寸	105×49×10
画面尺寸	92×37
质地	砂岩
原石情况	正面平整。背面平整，有凿痕。上侧面平整，凿条纹。下、右侧面平整。左侧面平整，凿条纹。
所属墓群	
组合关系	右门扉，与门楣石，左、右门柱，左门扉为墓门面五石组合。
画面简述	朱雀、铺首、独角兽。
著录与文献	李林、康兰英、赵力光：《陕北汉代画像石》，西安：陕西人民出版社，1995年，图20；汤池：《中国画像石全集5：陕西、山西汉画像石》，济南：山东美术出版社，2000年，图3。
出土/征集时间	1957年出土
收藏地	榆林市汉画像石馆

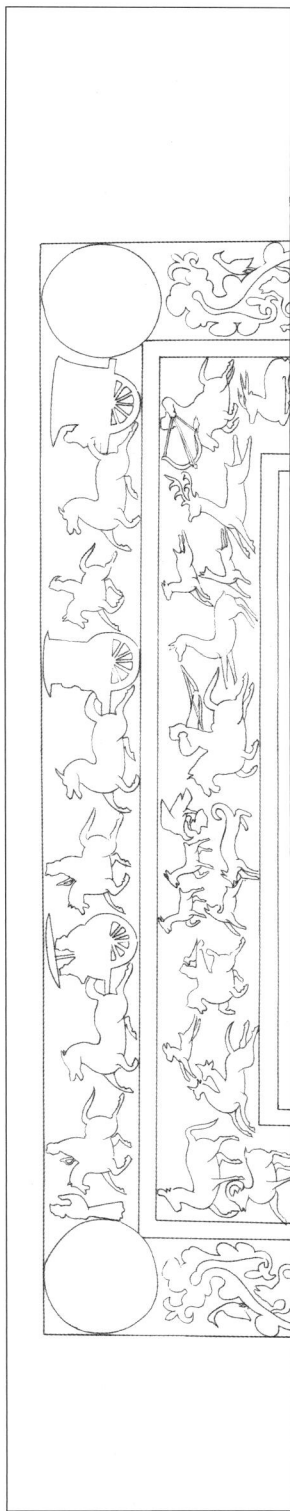

编号　SSX−YY−013−01

时代　东汉

原收藏号　y0034

出土地　上盐湾乡陈兴庄

原石尺寸　212×42×6

画面尺寸　155×35

质地　砂岩

原石情况　正面、背面平整。上侧面平整，有不规则凿痕。下侧面平整，有不规则凿痕。左、右侧面火平整。

所属墓群

组合关系　门楣石，与左、右门柱，左、右门扉为墓门面五石组合。

画面简述　画面分为内、外两栏。外栏为车骑行进图。画面左，右两端各阴刻一圆形，象征日、月。日、月下的卷云禽兽纹与左、右门柱的卷云禽兽纹衔接。一人戴冠着袍，举笏板（牍？）面向迎面而来的车骑行进队伍恭立。一执弓箭的骑吏为前导，之后是一辆轺车。车中前为双手、后面头戴进贤冠，身着长袍者当是主人。随行的一辆辎车水面前有头戴进贤冠，执弓箭的骑吏作前导，后有徒手骑吏相从。之后一辆屏车紧随。画面中有拼命奔逃的双头鹿和小兔；有一辆牵缰，一手扶鹰追赶猎物的"走马扶鹰"者；有抓住前逃兔子的后腿，张口作咬状的猎狗；有雄鹰抓踏一兔；有骑马张弓的两猎手围射仓皇逃逸命的野黄羊、鹿；也有缓慢悠然而行的羊和静卧的鹿。整个画面有静有动，动静结合。生气盎然。

著录与文献　汤池：《中国画像石全集 5：陕西、山西汉画像石》，济南：山东美术出版社，2000 年，图 7。

出土/征集时间　1993 年出土

收藏地　榆林市汉画像石馆

编号	SSX-YY-013-02
时代	东汉
原收藏号	y0035
出土地	上盐湾乡陈兴庄
原石尺寸	120×42×6
画面尺寸	85×31
质地	砂岩
原石情况	正面、背面平整。左、右侧面平整，右侧面凿斜条纹。上侧面平整，有凿痕。下侧面呈毛石状。
所属墓群	
组合关系	左门柱，与门楣石，右门柱，左、右门扉为墓门面五石组合。
画面简述	画面分为上、下两格，上格分为内、外两栏。外栏为卷云瑞兽纹，最下一熊托举云头，卷云间有三角怪兽、虎等瑞兽。内栏上格刻画东王公侧坐于神山仙树上，与一羽人博弈。一龙缠绕于树干处，伸颈向上。树干间较低的树顶上一雄鹿、一怪兽站立，下格门吏戴平帻巾，着长襦大袴，持戟面门站立。底格刻玄武。
著录与文献	汤池：《中国画像石全集 5：陕西、山西汉画像石》，济南：山东美术出版社，2000 年，图 10。
出土/征集时间	1993 年出土
收藏地	榆林市汉画像石馆

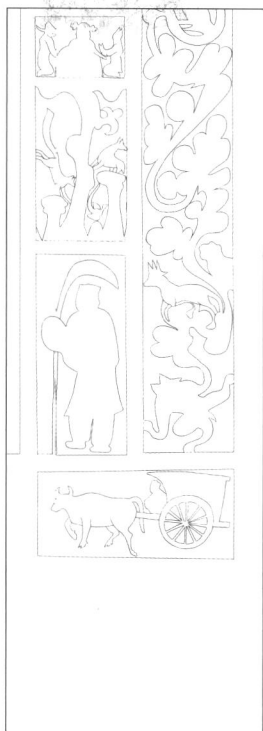

编号	SSX-YY-013-03
时代	东汉
原收藏号	y0036
出土地	上盐湾乡陈兴庄
原石尺寸	118×41×6
画面尺寸	85×30
质地	砂岩
原石情况	正面、背面平整。左、右侧面平整,左侧面凿斜条纹。上侧面平整,凿条纹。下侧面呈毛石状。
所属墓群	
组合关系	右门柱,与门楣石,左门柱,左、右门扉为墓门面五石组合。
画面简述	画面分为上、下两格,上格分为内、外两栏。外栏为卷云瑞兽纹,最下一熊托举云头,卷云间有三角怪兽、虎。内栏上格刻画西王母坐于神山仙树上,身边有玉兔、羽人跪侍。树干间较低的树顶上一雌鹿回首,一狐飞奔,一鸟站立。下一门吏戴平帻巾,着长襦大袴,执彗面门站立。底格刻一牛车,做缓步行进状。
著录与文献	汤池:《中国画像石全集5:陕西、山西汉画像石》,济南:山东美术出版社,2000年,图11。
出土/征集时间	1993年出土
收藏地	榆林市汉画像石馆

编号	SSX-YY-013-04
时代	东汉
原收藏号	y0037
出土地	上盐湾乡陈兴庄
原石尺寸	108×50×6；上门枢：6×5；下门枢：3×5
画面尺寸	96×37
质地	砂岩
原石情况	正面、背面平整。上、下侧面平整，均凿条纹；左、右侧面平整，凿斜条纹。
所属墓群	
组合关系	左门扉，与门楣石、左、右门柱，右门扉为墓门面五石组合。
画面简述	朱雀、铺首衔环、独角兽。
著录与文献	汤池：《中国画像石全集 5：陕西、山西汉画像石》，济南：山东美术出版社，2000 年，图 8。
出土/征集时间	1993 年出土
收藏地	榆林市汉画像石馆

编号	SSX-YY-013-05
时代	东汉
原收藏号	y0038
出土地	上盐湾乡陈兴庄
原石尺寸	106×50×6；上门枢：8×6；下门枢：3×5
画面尺寸	95×37
质地	砂岩
原石情况	正面、背面平整。上、下侧面平整，凿条纹；左、右侧面平整，凿斜条纹。
所属墓群	
组合关系	右门扉，与门楣石，左、右门柱，左门扉为墓门面五石组合。
画面简述	朱雀、铺首衔环、独角兽。
著录与文献	汤池：《中国画像石全集5：陕西、山西汉画像石》，济南：山东美术出版社，2000年，图9。
出土/征集时间	1993年出土
收藏地	榆林市汉画像石馆

编号　　　　SSX-YY-014-01

时代　　　　东汉

原收藏号　　y0013

出土地　　　鱼河堡郑家沟

原石尺寸　　190×39×5．

画面尺寸　　156×34

质地　　　　砂岩

原石情况　　原石断为两截。正面、背面平整。上、下侧面平整，凿条纹。左、右侧面呈毛石状。

所属墓群

组合关系　　门楣石，与左、右门柱，左、右门扉为墓门面五石组合。

画面简述　　画面分为内、外栏。外栏卷云纹。与左、右门扉外栏之卷云纹相衔接。肇右卷云纹间，刻一翼龙。内栏为车骑狩猎图。左端三猎手追射飞奔的狐。一虎惊咏跃朱立。一兔惊回首狂奔。一雄鹿长角生三歧，背生双翼，张口站立。画面右一执弓箭骑史前导，随后紧随一辆招铅车。驭手头戴力士冠，举鞭牵缰绳。一辆辎车相随，驭手头顶竖起两柱竖立状物（发髻？还是加鹖羽的武弁？）一手拉缰，一手举鞭，马却没有行进，静静仁立。

著录与文献　　汤池：《中国画像石全集 5：陕西、山西汉画像石》，济南：山东美术出版社，2000 年，图 图 25。

出土/征集时间　　1994 年征集

收藏地　　榆林市汉画像石馆

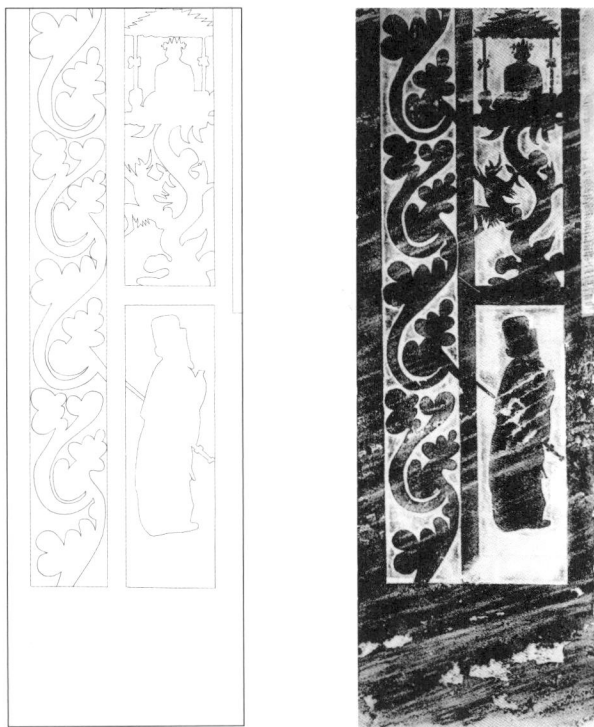

编号	SSX-YY-014-02
时代	东汉
原收藏号	y0014
出土地	鱼河堡郑家沟
原石尺寸	120×39×6
画面尺寸	94×29
质地	砂岩
原石情况	正面、背面平整；上侧面平整，凿条纹；下、左侧面呈毛石状；右侧面平整。
所属墓群	
组合关系	左门柱，与门楣石，右门柱，左、右门扉为墓门面五石组合。
画面简述	画面分为内、外两栏。外栏的卷云纹与门楣石外栏卷云纹相衔接。内栏分上、下两格。上格戴胜西王母正面端坐于神山仙树之上，顶罩华盖，华盖左、右有柱(杆状物)支撑。柱上装饰花型结。树干处有一羽人，一回首鹿首。下格一门吏头戴进贤冠，身着官服，腰挂长剑，捧简(牍？)面门而立。
著录与文献	汤池：《中国画像石全集5：陕西、山西汉画像石》，济南：山东美术出版社，2000年，图26。
出土/征集时间	1994年征集
收藏地	榆林市汉画像石馆

编号	SSX-YY-014-03
时代	东汉
原收藏号	y0015
出土地	鱼河堡郑家沟
原石尺寸	110×39×6
画面尺寸	92×29
质地	砂岩
原石情况	正面、背面平整。上、右侧面平整，凿条纹。左侧面欠平整，下侧面呈毛石状。
所属墓群	
组合关系	右门柱，与门楣石，左门柱，左、右门扉为墓门面五石组合。
画面简述	画面分为内、外两栏。外栏的卷云纹与门楣石外栏卷云纹相衔接。内栏分上、下两格。上格东王公头戴山形冠（王冠？）端坐于神山仙树之上，顶罩华盖，左有柱（杆状物）支撑，柱上装饰花形结。右垂带花结的流苏和一悬铃（钟？）。树干处一鸟站立，一麒麟背生双翼站立。下格一门吏头戴平巾帻，身着长襦大袴，执彗面门而立。
著录与文献	汤池：《中国画像石全集 5：陕西、山西汉画像石》，济南：山东美术出版社，2000 年，图 27。
出土/征集时间	1994 年征集
收藏地	榆林市汉画像石馆

编号	SSX-YY-014-04
时代	东汉
原收藏号	y0016
出土地	鱼河堡郑家沟
原石尺寸	110×48×5；上门枢：5×4
画面尺寸	85×29
质地	砂岩
原石情况	
所属墓群	
组合关系	左门扉，与门楣石，左、右门柱，右门扉为墓门面五石组合。
画面简述	朱雀、铺首、翼虎。铺首的眼睛用阴线刻成菱形。
著录与文献	未发表
出土/征集时间	1994 年征集
收藏地	榆林市汉画像石馆

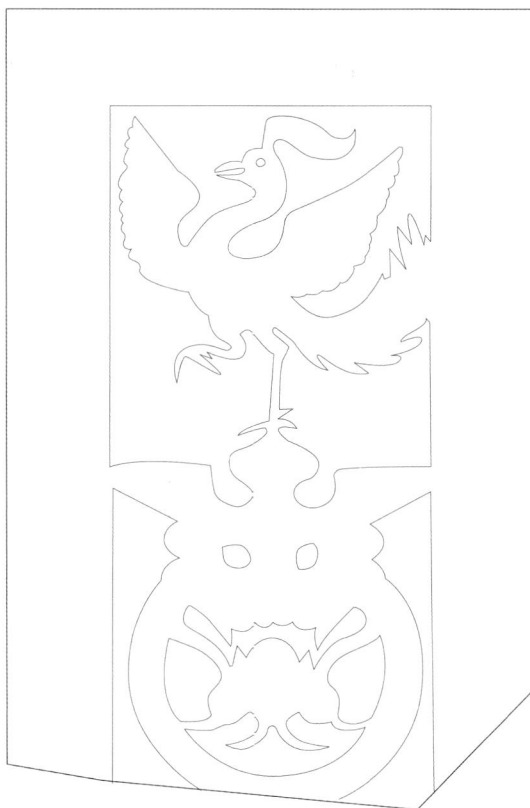

编号	SSX-YY-014-05
时代	东汉
原收藏号	y0017
出土地	鱼河堡郑家沟
原石尺寸	77×49×5
画面尺寸	68×30
质地	砂岩
原石情况	下半部残佚。
所属墓群	
组合关系	右门扉，与门楣石，左、右门柱，左门扉为墓门面五石组合。
画面简述	朱雀、铺首。铺首的眼睛用阴线刻成菱形。
著录与文献	未发表
出土/征集时间	1994 年征集
收藏地	榆林市汉画像石馆

樂陵相任君闕舍永初三年三月十五日造陳氏四月廿日戊時更舍祥来石千

樂陵相任君闕舍永初三年三月十五日造陳氏四月廿日戊時更舍祥来石千

编号	SSX-YY-015
时代	东汉
原收藏号	
出土地	鱼河堡
原石尺寸	126×10
画面尺寸	110×5
质地	砂岩中柱石
原石情况	
所属墓群	
组合关系	
画面简述	篆味隶体阳刻"乐陵相任君宫舍永初三年三月十五日造作以（？）四月廿日戌时更仓（？）卒米石千"三十一个字。
著录与文献	未发表
出土/征集时间	1994 年征集
收藏地	榆林市汉画像石馆

编号	SSX-YY-016
时代	东汉
原收藏号	y0024
出土地	榆阳区境内
原石尺寸	110×36×5
画面尺寸	110×27
质地	砂岩
原石情况	原石断为两截。正面、背面平整；上、下、左、右四个侧面平整，有凿痕。
所属墓群	
组合关系	
画面简述	画面分上、下两格，上格分为内、外两栏。均为几何纹图案。图案为阴刻，刻痕较深。下格为博山炉。炉盖与炉身相接处为人字纹连续图案，炉盖为水波纹连续图案。
著录与文献	未发表
出土/征集时间	1994 年征集
收藏地	榆林市汉画像石馆

编　号	SSX-YY-017
时　代	东汉
原收藏号	y0028；0019
出土地	榆阳区境内
原石尺寸	88×50×9
画面尺寸	76×38
质　地	砂岩
原石情况	原石断为数块，中段和左下段残佚。
所属墓群	
组合关系	
画面简述	朱雀、铺首、翼虎（龙？）。铺首仅见一角。朱雀和翼虎（龙？）的身上均阴刻了较粗的直线和曲线，凸显羽翅、斑纹，有明显的装饰效果。画面减地较深，物像浮突明显。
著录与文献	未发表
出土/征集时间	1994 年征集
收藏地	榆林市汉画像石馆

编号	SSX-YY-018
时代	东汉
原收藏号	y0029
出土地	榆阳区境内
原石尺寸	41×46×7；下门枢：3×5
画面尺寸	27×31
质地	砂岩
原石情况	原石上段大部分残佚。
所属墓群	
组合关系	
画面简述	残石仅留一翼虎，两翼刻画为圆头，较为特别。
著录与文献	未发表
出土/征集时间	1994 年征集
收藏地	榆林市汉画像石馆

编号	SSX-YY-019
时代	东汉
原收藏号	y0030
出土地	榆阳区境内
原石尺寸	100×48×8；上门枢：6×5；下门枢：4×5
画面尺寸	89×35
质地	砂岩
原石情况	右上角残佚。
所属墓群	
组合关系	
画面简述	朱雀、铺首、独角兽。铺首的眼睛阴线刻成菱形，阴刻显示口部。
著录与文献	未发表
出土/征集时间	1994 年征集
收藏地	榆林市汉画像石馆

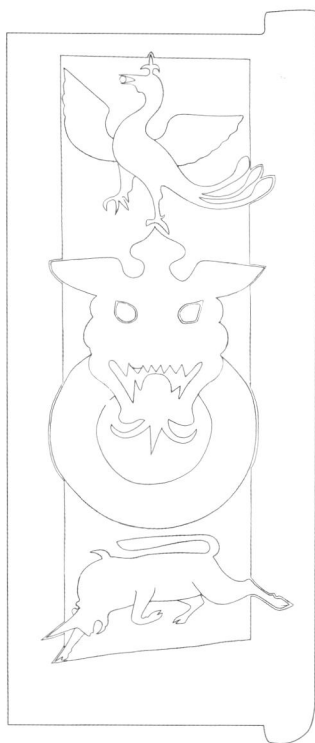

编号	SSX-YY-020
时代	东汉
原收藏号	y0031
出土地	榆阳区境内
原石尺寸	108×47×9
画面尺寸	92×37
质地	砂岩
原石情况	
所属墓群	
组合关系	
画面简述	朱雀、铺首衔环、独角兽。铺首的眼睛阴刻成圆形，眼尾上翘。
著录与文献	未发表
出土/征集时间	1994 年征集
收藏地	榆林市汉画像石馆

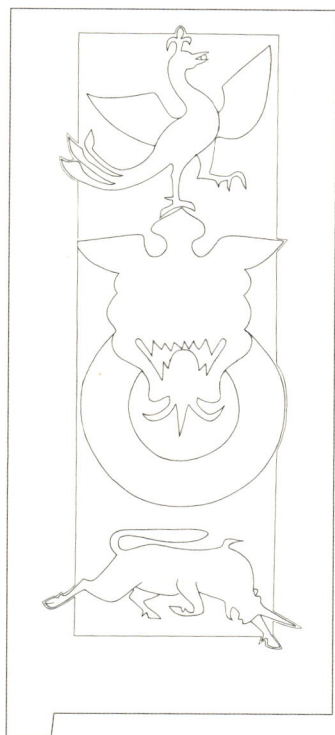

编号	SSX-YY-021
时代	东汉
原收藏号	y0032
出土地	榆阳区境内
原石尺寸	108×49×10；下门枢：3×7
画面尺寸	95×38
质地	砂岩
原石情况	原石断为两截。
所属墓群	
组合关系	
画面简述	朱雀、铺首衔环、独角兽。
著录与文献	未发表
出土/征集时间	1994 年征集
收藏地	榆林市汉画像石馆

编号	SSX-YY-022
时代	东汉
原收藏号	y0033
出土地	榆阳区境内
原石尺寸	110×50×8
画面尺寸	98×36
质地	砂岩
原石情况	
所属墓群	
组合关系	
画面简述	朱雀、铺首衔环、独角兽。铺首的眼睛细线阴刻成菱形。此门扇石没留门枢。
著录与文献	未发表
出土/征集时间	1994 年征集
收藏地	榆林市汉画像石馆

国家出版基金项目
NATIONAL PUBLICATION FOUNDATION

汉 画 总 录

9

清涧

编号	SSX-QJ-001-01
时代	东汉
原收藏号	0578
出土地	岔口乡金和场
原石尺寸	173×37×6
画面尺寸	152×32
质地	砂岩
原石情况	正面、背面平整。上、左、右侧面呈毛石状、下侧面平整。
所属墓群	不详
组合关系	门楣石、与左、右门柱、左、右门扉为墓门五石组合。
画面简述	画面分为内、外两栏。外栏左右两端各阴刻一圆，象征日、月。两圆之下是与左、右门柱外栏相连接的绶带穿璧纹。日月之间刻画卷云离兽纹。内栏为端兽图。左、右两边刻玉兔持锤捣药。中间从左到右为呼啸奔走的翼虎；休状足肥的凤鸟，其头部刻画得很特别，头顶有冠，脑后竟然生出了相注的双角；一麒麟抬腿作缓步行进状；独角怪兽。翼龙。
著录与文献	未发表
出土/征集时间	1994年征集
收藏地	榆林市汉画像石馆

116

编号	SSX-QJ-001-02
时代	东汉
原收藏号	0579
出土地	岔口乡蚕种场
原石尺寸	122×33×6
画面尺寸	92×28
质地	砂岩
原石情况	正面、背面平整；上、右侧面平整，有不规则凿纹；左、下侧面呈毛石状。
所属墓群	不详
组合关系	左门柱，与门楣石，右门柱，左、右门扉为墓门面五石组合。
画面简述	画面分为上、下两格，上格分为内、外两栏。外栏刻画与门楣石外栏相连的绶带穿璧纹。内栏分上、下两格，上格西王母坐于仙山神树之上，左、右有玉兔、羽人侍俸，树干间有鹿、长尾狐、双臂高举支撑树干的神怪；下一门吏头戴平巾帻，身着长襦大袴，执彗面门而立。下格刻画玄武。
著录与文献	未发表
出土/征集时间	1994 年征集
收藏地	榆林市汉画像石馆

编号	SSX-QJ-001-03
时代	东汉
原收藏号	0580
出土地	岔口乡蚕种场
原石尺寸	120×33×6
画面尺寸	90×30
质地	砂岩
原石情况	正面、背面平整，上、左侧面平整，右、下侧面呈毛石状。
所属墓群	不详
组合关系	右门柱，与门楣石，左门柱，左、右门扉为墓门面五石组合。
画面简述	画面分为上、下两格。上格分为内、外两栏。外栏刻画与门楣石外栏相连的绶带穿璧纹。内栏分上、下两格，上格西王母坐于仙山神树之上，左、右有玉兔、羽人侍俸，树干间有鹿、长尾狐、双臂高举支撑树干的神怪；下一门吏头戴平巾帻，身着长襦大袴，执彗面门而立。下格刻画玄武。
著录与文献	未发表
出土/征集时间	1994 年征集
收藏地	榆林市汉画像石馆

编号	SSX-QJ-001-04
时代	东汉
原收藏号	0581
出土地	岔口乡蚕种场
原石尺寸	110×51×7
画面尺寸	90×40
质地	砂岩
原石情况	不详
所属墓群	
组合关系	左门扉，与门楣石，左、右门柱，右门扉为墓门面五石组合。
画面简述	朱雀、铺首、独角兽。朱雀、独角兽超出画面部分阴刻。
著录与文献	未发表
出土/征集时间	1994 年征集
收藏地	榆林市汉画像石馆

编号	SSX-QJ-001-05
时代	东汉
原收藏号	0582
出土地	岔口乡蚕种场
原石尺寸	110×51×7
画面尺寸	95×40
质地	砂岩
原石情况	不详
所属墓群	
组合关系	右门扉，与门楣石，左、右门柱，左门扉为墓门面五石组合。
画面简述	朱雀、铺首、独角兽。朱雀、独角兽超出画面部分阴刻。
著录与文献	未发表
出土/征集时间	1994 年征集
收藏地	榆林市汉画像石馆

编　　号	SSX-QJ-002
时　　代	东汉
原收藏号	
出土地	岔口乡蚕种场
原石尺寸	248×40×7
画面尺寸	210×27
质　　地	砂岩
原石情况	原石断为两截，边缘处多有残损。石面剥蚀严重，画面漫漶。
所属墓群	不详
组合关系	横楣石
画面简述	画面分为上、下两栏。上栏刻画卷云鸟兽纹。为陕北画像石中常用的格套之一。下栏刻画车骑行进图。图中四辆轺车前有一号骑，后有四从卫，其中三从卫执弓。
著录与文献	未发表
出土/征集时间	不详
收藏地	榆林市汉画像石馆

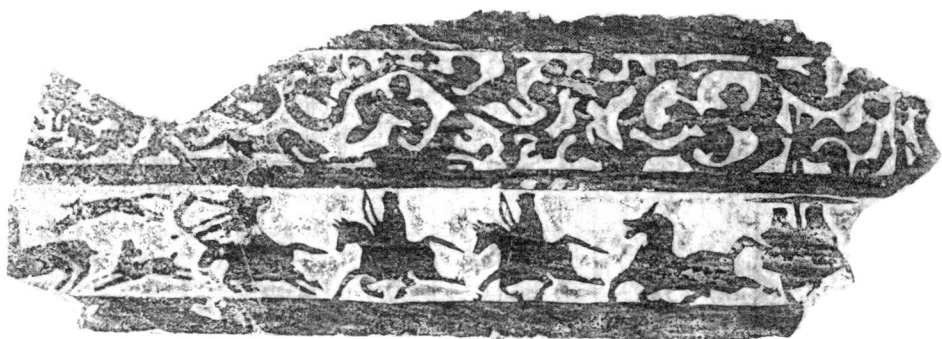

编号	SSX-QJ-003
时代	东汉
原收藏号	
出土地	岔口乡蚕种场
原石尺寸	100×36×6
画面尺寸	100×28
质地	砂岩
原石情况	原石左、右段残佚，仅存的中段多处破损。
所属墓群	不详
组合关系	横楣石
画面简述	画面分为上、下两栏。上栏刻画卷云鸟兽纹。下栏刻画车骑狩猎图。图左一猎手张弓拉箭，瞄射奔逃的狐、兔。之后两骑吏执弓前导一辆轺车行进。
著录与文献	未发表
出土/征集时间	不详
收藏地	榆林市汉画像石馆

编号	SSX-QJ-004-01
时代	东汉
原收藏号	Q2 A九二 132
出土地	折家坪乡贺家沟
原石尺寸	191×42×6
画面尺寸	155×36
质地	砂岩
原石情况	正面、背面平整，正面减地处有线状划痕。上侧面靠正面3厘米处平整，凿斜条纹；靠背面3厘米处呈毛石状。下侧面平整，有不规则凿痕。左、右侧面火平整。
所属墓群	1972M1
组合关系	门楣石，与左、右门柱、左、右门扉为墓门面五石组合。
画面简述	画面分为上下。外栏为卷云鸟兽纹，卷云间填麒麟。左、右两上端各阳刻一圆，象征日、月。内栏为瑞兽、狩猎图。左端一猎手在奔驰的马背上翻身朝后，张弓瞄射一虎。右端一猎手追射一奔兔。中间翼龙作奔走状，龙左一独角有翼怪兽，口内含丹。右为一奔马。画面上补白了飞鸟、立鸟、飞鸟、立鸟、羽人、猴子、虎、怪兽、金乌、玉兔捣药、九尾狐、狩猎图。
著录与文献	李林、康兰英、赵力光：《陕北汉代画象石》，西安：陕西人民出版社，1995年，图629；汤池：《中国画象石全集5：陕西、山西汉画象石》，济南：山东美术出版社，2000年，图198。
出土/征集时间	1972年征集
收藏地	陕西省历史博物馆

编号	SSX-QJ-004-02
时代	东汉
原收藏号	Q3B A 九二 130
出土地	折家坪乡贺家沟
原石尺寸	127×35×7
画面尺寸	96×29
质地	砂岩
原石情况	正面平整，背面欠平整。上侧面平整，有细条凿纹。下侧面呈毛石状。左、右侧面均靠正面部分凿斜条纹，靠背面部分呈毛石状。
所属墓群	
组合关系	左门柱，与门楣石，右门柱，左、右门扉为墓门面五石组合。
画面简述	画面分上、下两格。上格分内、外两栏。外栏卷云鸟兽纹与门楣石外栏纹饰衔接。云纹间填刻短耳长尾、背生一翼怪兽，鸟、鹿、羽人、虎、三角怪兽、熊、奔兔。内栏一仙人（东王公）侧身坐于仙山神树之上，左右有羽人跪侍。神树树干间填刻鹿、狐、飞鸟、仙草。树下是突兀的山峰。下一执彗门吏头戴平巾帻，身着长襦大袴，面门站立。下格刻博山炉，炉盘内插两株与炉齐高的仙草。
著录与文献	李林、康兰英、赵力光：《陕北汉代画像石》，西安：陕西人民出版社，1995年，图630；汤池：《中国画像石全集5：陕西、山西汉画像石》，济南：山东美术出版社，2000年，图201。
出土/征集时间	1972年征集
收藏地	陕西省历史博物馆

编号	SSX-QJ-004-03
时代	东汉
原收藏号	Q3A A 九二 129
出土地	折家坪乡贺家沟
原石尺寸	125×36×7
画面尺寸	96×28
质地	砂岩
原石情况	正面、背面平整。正面减地处显见线状划痕。上侧面平整,凿斜条纹。下侧面呈毛石状。左侧面平整,凿人字纹。右侧面靠正面部分凿斜条纹,靠背面部分呈毛石状。
所属墓群	
组合关系	右门柱,与门楣石、左门柱、左、右门扉为墓门面五石组合。
画面简述	画面分上、下两格,上格分内、外两栏。外栏卷云鸟兽纹与门楣石外栏纹饰衔接,云纹间填刻内容与左门柱相同,仅在熊下增刻了一人面鸟。内栏上西王母坐于仙山神树之上,左、右有羽人跪侍。神树树干间填刻鹿、狐、飞鸟、仙草。树下是连绵的山峰。下一执彗门吏头戴平巾帻,身着长襦大袴,面门站立。门吏的五官采用阴刻表现。下格刻一博山炉,炉盘内插两株与炉齐高的仙草。
著录与文献	李林、康兰英、赵力光:《陕北汉代画像石》,西安:陕西人民出版社,1995 年,图633;汤池:《中国画像石全集 5:陕西、山西汉画像石》,济南:山东美术出版社,2000 年,图 202。
出土/征集时间	1972 年征集
收藏地	陕西省历史博物馆

编号	SSX-QJ-004-04
时代	东汉
原收藏号	Q1A
出土地	折家坪乡贺家沟
原石尺寸	120×53×6
画面尺寸	102×37
质地	砂岩
原石情况	原石左、右上角残佚。正面、背面平整。上侧面平整，靠正面处刻粗条纹，靠背面处呈毛石状。下侧面呈毛石状。左侧面平整，靠正面处刻粗斜条纹。右侧面呈马蹄面，有不规则凿痕。
所属墓群	
组合关系	左门扉，与门楣石，左、右门柱，右门扉为墓门面五石组合。
画面简述	朱雀、铺首、翼虎。朱雀、虎的眼睛，铺首的五官均以阴线刻画。铺首的口则以阴刻表现。
著录与文献	李林、康兰英、赵力光：《陕北汉代画像石》，西安：陕西人民出版社，1995年，图631；汤池：《中国画像石全集5：陕西、山西汉画像石》，济南：山东美术出版社，2000年，图199。
出土/征集时间	1972年征集
收藏地	榆林市汉画像石馆

编号	SSX-QJ-004-05
时代	东汉
原收藏号	Q1B
出土地	折家坪乡贺家沟
原石尺寸	120×53×6
画面尺寸	102×38
质地	砂岩
原石情况	正面、背面平整。上侧面平整，靠正面处刻斜条纹，靠背面处呈毛石状。下侧面呈毛石状。左侧面平整，呈马蹄面，靠正面处刻粗斜条纹。右侧面平整，有不规则凿痕。
所属墓群	1972M1
组合关系	右门扉，与门楣石，左、右门柱，左门扉为墓门面五石组合。
画面简述	朱雀、铺首、翼龙。朱雀、龙的眼睛，铺首的五官均以阴线刻画。铺首的口则以阴刻表现。
著录与文献	李林、康兰英、赵力光：《陕北汉代画像石》，西安：陕西人民出版社，1995年，图632；汤池：《中国画像石全集5:陕西、山西汉画像石》，济南：山东美术出版社，2000年，图200。
出土/征集时间	1972年征集
收藏地	榆林市汉画像石馆

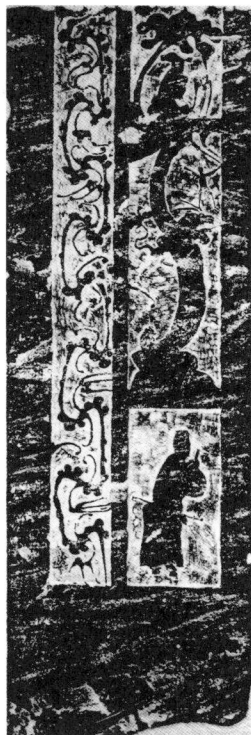

编号	SSX-QJ-005-02
时代	东汉
原收藏号	Q6B A 九二 127（原编号分别为原收藏单位清涧县文管所和调拨陕西省历史博物馆之后的编号）
出土地	折家坪乡贺家沟
原石尺寸	119×39×7
画面尺寸	92×26
质地	砂岩
原石情况	正面右上边饰部分凹进，其余平整。下部稍有剥蚀。背面平整。上侧面平整，靠背面处凿斜条纹。下侧面、右侧面呈毛石状。左侧面平整，下部20厘米段凿人字纹，上部靠正面部分凿斜条纹，靠背面处有凿痕。
所属墓群	
组合关系	左门柱，与门楣石，右门柱，左、右门扉为墓门面五石组合。
画面简述	画面分为内、外两栏。外栏为卷云纹。内栏西王母侧身坐于仙山神树之上，头顶有卷云状树冠笼罩（华盖？），树干间一羽人张开双臂，劈开双腿站立。树下一人戴冠着袍，腰佩长剑，双手捧牍简站立。
著录与文献	李林、康兰英、赵力光：《陕北汉代画像石》，西安：陕西人民出版社，1995年，图635；汤池：《中国画像石全集5：陕西、山西汉画像石》，济南：山东美术出版社，2000年，图204。
出土/征集时间	1972年征集
收藏地	陕西省历史博物馆

编号	SSX-QJ-005-04
时代	东汉
原收藏号	Q5
出土地	折家坪乡贺家沟
原石尺寸	110×48×5
画面尺寸	93×33
质地	砂岩
原石情况	正面、背面平整，均有剥蚀。上侧面平整，靠正面处刻斜条纹。下侧面欠平整。左侧面平整。右侧面平整，有细条纹。
所属墓群	
组合关系	左门扉，与门楣石，左、右门柱，右门扉为墓门面五石组合。
画面简述	朱雀、铺首、独角兽。铺首的口阴刻，双眼阴线刻成菱形。
著录与文献	李林、康兰英、赵力光：《陕北汉代画像石》，西安：陕西人民出版社，1995年，图636。
出土/征集时间	1972年征集
收藏地	榆林市汉画像石馆

编号	SSX-QJ-006
时代	东汉
原收藏号	Q10
出土地	折家坪乡贺家沟
原石尺寸	127×45×9
画面尺寸	117×29
质地	砂岩
原石情况	原石右段残佚。正面平整，右段有剥蚀。背面平整，可见剥蚀与酥碱。上侧面呈毛石状。下侧面平整，靠正面凿横条纹，靠背面凿斜条纹。左侧面呈毛石状。右侧面为断痕。
所属墓群	不详
组合关系	横楣石
画面简述	画面分为内、外两栏。外栏阳刻绶带穿璧纹，内栏阴刻连续的〜形纹图案。
著录与文献	李林、康兰英、赵力光：《陕北汉代画像石》，西安：陕西人民出版社，1995年，图639。
出土/征集时间	1972年征集
收藏地	榆林市汉画像石馆

编号	SSX-QJ-007
时代	Q11
原收藏号	东汉
出土地	折家坪乡贺家沟
原石尺寸	130×34×5
画面尺寸	80×21
质地	砂岩
原石情况	仅有残段。正面、背面平整，背面剥蚀严重，酥碱明显。上侧面平整，有凿痕。下侧面呈毛石状。左侧面呈毛石状，右侧面平整，凿条纹。
所属墓群	不详
组合关系	左门柱
画面简述	画面分为内、外两栏。外栏阴刻连续的⌒形纹图案，内栏阳刻绶带穿璧纹。
著录与文献	李林、康兰英、赵力光：《陕北汉代画像石》，西安：陕西人民出版社，1995年，图640。
出土/征集时间	1972年征集
收藏地	榆林市汉画像石馆

编号	SSX-QJ-008
时代	东汉
原收藏号	Q13
出土地	折家坪乡贺家沟
原石尺寸	104×39×8
画面尺寸	90×29
质地	砂岩
原石情况	正面、背面平整。上侧面中间部分稍凹，凿不规则人字纹。存留加铁楔留下的残块和铁锈痕。下侧面呈毛石状。左侧面呈毛石状。右侧面欠平整，有凿痕。
所属墓群	不详
组合关系	左门柱
画面简述	画面分四格，自上而下第一格：阁楼内一人跽坐于榻上，面前一人捧牍（？）于榻下跪拜。阁楼顶屋面上两鸟相向站立。第二格：右上有两人，居前者双手执一长棍，居后者拱手，两人均戴冠着袍站立。面前是一长方形方框；一牛车缓慢行进。第三格为人物拜会图。四人都戴冠着袍，左三人面对右一人，均作抱拳礼揖状。第四格一牛车呈缓慢行进状。
著录与文献	李林、康兰英、赵力光：《陕北汉代画像石》，西安：陕西人民出版社，1995年，图641；汤池：《中国画像石全集5：陕西、山西汉画像石》，济南：山东美术出版社，2000年，图206。
出土/征集时间	1972年征集
收藏地	榆林市汉画像石馆

编号　　　　　SSX-QJ-010
时代　　　　　东汉
原收藏号　　　Q12
出土地　　　　折家坪乡贺家沟
原石尺寸　　　135×（20-26）×（6-7）
画面尺寸　　　94×12
质地　　　　　砂岩
原石情况　　　不详
所属墓群　　　不详
组合关系　　　不详
画面简述　　　斗栱、卷云纹。
著录与文献　　李林、康兰英、赵力光：《陕北汉代画像石》，西安：陕西人民出版社，1995年，图643。
出土/征集时间　1972年征集
收藏地　　　　榆林市汉画像石馆

永和三年四月廿日司馬村社口口口色

编号	SSX-QJ-011
时代	东汉
原收藏号	Q9 A 九二 131
出土地	折家坪乡贺家沟
原石尺寸	95×（13-14）×5
画面尺寸	95×8
质地	砂岩
原石情况	正面欠平整，"司"字处低凹不平，下段剥蚀严重。背面基本平整，上段石面有剥落。上、下侧面平整。左侧面呈毛石状。右侧面平整，有不规则凿痕。
所属墓群	不详
组合关系	中柱石，与横楣石，左、右门柱为墓室后壁四石组合。
画面简述	画面隶体阳刻"永和三年四月廿日司马叔□□□□宅舍"十七个字。
著录与文献	李林、康兰英、赵力光：《陕北汉代画像石》，西安：陕西人民出版社，1995年，图644。
出土/征集时间	1972年征集
收藏地	陕西省历史博物馆

河內太守寅官豫買冢作宅舍

编号	SSX-QJ-012
时代	东汉
原收藏号	Q4 A 九二 125
出土地	折家坪乡贺家沟
原石尺寸	139×（17–18）×9
画面尺寸	86×7
质地	砂岩
原石情况	正面平整，上段偶见铁锈痕。背面欠平整，石面有剥落部分。上侧面平整，有铁锈痕。下侧面平整，有不规则凿痕。左、右侧面平整，凿规整的人字纹。
所属墓群	不详
组合关系	中柱石，与横楣石，左、右门柱为墓室后壁四石组合。
画面简述	画面篆体阳刻"西河太守盐官掾贾季卿室宅"十二个字。
著录与文献	李林、康兰英、赵力光：《陕北汉代画像石》，西安：陕西人民出版社，1995年，图645。
出土/征集时间	1972 年征集
收藏地	陕西省历史博物馆

汉画总录

9

子洲

国家出版基金项目
NATIONAL PUBLICATION FOUNDATION

编号 SSX-ZZ-001-01

时代 东汉

原收藏号 0354_001

出土地 淮宁湾乡后村

原石尺寸 215×38×9

画面尺寸 138×31

质地 砂岩

原石情况 原石断为两截。正面、背面平整。上侧面平整，凿不规则条纹。下侧面平整，中段凿人字纹。左、右侧面呈毛石状。

所属墓群

组合关系 门楣石，与左、右门柱、左、右门扉为墓门面五石组合。

画面简述 画面分为上、外栏两栏。外栏刻画卷云纹相互衔接。内栏为车骑行进图。画面左端两人戴冠着袍，躬身拱手作迎状，对面一人亦戴冠着袍站立，拱手揖礼（或为车骑队伍的前行使者）。接着两肩荷荣载的导骑策马而来，之后两辆辂车，一辆辂车随行，辂车中的驭手头戴帻巾，伸手拉缰策马，车主人头戴进贤冠，着袍端坐车中。正中一株仙草，左一翼龙与右一虎相向作奔走状。

著录与文献 李林、康兰英、赵力光：《陕北汉代画像石》，西安：陕西人民出版社，1995年，图616；汤池：《中国画像石全集5：陕西、山西汉画像石》，济南：山东美术出版社，2000年，图192。

出土/征集时间 1983年征集

收藏地 榆林市汉画像石馆

备注 画面中两导骑、两辆辂车明显使用同一模板制作。

编号	SSX-ZZ-001-02
时代	东汉
原收藏号	0355_002
出土地	淮宁湾乡后村
原石尺寸	111×29×7
画面尺寸	81×23
质地	砂岩
原石情况	正面平整，背面平整，有呈八字形的28.5×3×2厘米的沟槽。左侧面呈毛石状。右侧面平整，凿人字纹。上、下侧面平整。
所属墓群	
组合关系	左门柱，与门楣石，右门柱，左、右门扉为墓门面五石组合。
画面简述	画面分为上、下两格，上格分为内、外两栏。外栏刻画卷云纹与门楣石外栏卷云纹连接。内栏自上而下分三格。第一格：东王公面向右门柱的西王母，侧身坐于几前，头顶有伞状华盖。第二格：一羽人作弓箭步，手捧仙草作敬献状。第三格：执彗门吏头戴平巾帻，身着长襦大袴，面门站立。下格刻玄武。
著录与文献	李林、康兰英、赵力光：《陕北汉代画像石》，西安：陕西人民出版社，1995年，图617。
出土/征集时间	1983年征集
收藏地	榆林市汉画像石馆

编号	SSX-ZZ-001-03
时代	东汉
原收藏号	0356_003
出土地	淮宁湾乡后村
原石尺寸	116×35×7
画面尺寸	86×23
质地	砂岩
原石情况	正面、背面平整。上侧面平整，下侧面欠平整。左、右侧面平整，有凿痕。
所属墓群	
组合关系	右门柱，与门楣石，左门柱，左、右门扉为墓门面五石组合。
画面简述	画面分为上、下两格，上格分为内、外两栏。外栏刻画卷云纹与门楣石外栏卷云纹连接。内栏自上而下分三格。第一格：西王母面向左门柱上的东王公，侧身坐于一株瑞草前。头顶有伞状华盖。第二格：一羽人作弓箭步，手捧仙草作敬献状。第三格：执彗门吏戴平巾帻，身着长襦大袴，面门站立。下格刻玄武。
著录与文献	李林、康兰英、赵力光：《陕北汉代画像石》，西安：陕西人民出版社，1995 年，图 620。
出土/征集时间	1983 年征集
收藏地	榆林市汉画像石馆

编号	SSX-ZZ-001-04
时代	东汉
原收藏号	0357_004
出土地	淮宁湾乡后村
原石尺寸	109×50×5
画面尺寸	91×37
质地	砂岩
原石情况	正面、背面平整。上、下侧面平整，有凿痕。左、右侧面平整，凿不规则条纹。
所属墓群	
组合关系	左门扉，与门楣石，左、右门柱，右门扉为墓门面五石组合。
画面简述	朱雀、铺首、独角兽。铺首两角上各立一株瑞草，眼、眉、鼻、口使用阴线刻画，阴刻口腔。
著录与文献	李林、康兰英、赵力光：《陕北汉代画像石》，西安：陕西人民出版社，1995年，图618。
出土/征集时间	1983年征集
收藏地	榆林市汉画像石馆

编号	SSX-ZZ-001-05
时代	东汉
原收藏号	0358_005
出土地	淮宁湾乡后村
原石尺寸	110×49×5
画面尺寸	91×38
质地	砂岩
原石情况	正面、背面平整。上、下侧面平整，有凿痕。左、右侧面平整，有凿痕。
所属墓群	
组合关系	右门扉，与门楣石，左、右门柱，左门扉为墓门面五石组合。
画面简述	朱雀、铺首、独角兽。铺首两耳上各立一株瑞草，眼、眉、鼻、口使用阴线刻画，阴刻口腔。
著录与文献	李林、康兰英、赵力光：《陕北汉代画像石》，西安：陕西人民出版社，1995年，图619；汤池：《中国画像石全集5：陕西、山西汉画像石》，济南：山东美术出版社，2000年，图194。
出土/征集时间	1983年征集
收藏地	榆林市汉画像石馆

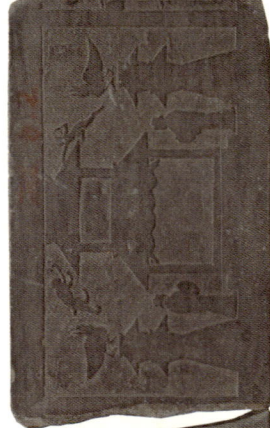

编号	SSX-ZZ-001-06
时代	东汉
原收藏号	0359_006
出土地	淮宁湾乡后村
原石尺寸	231×38×6
画面尺寸	214×28
质地	砂岩
原石情况	正面、背面平整。上侧面靠正面处凿斜纹，靠背面处呈毛石状。下侧面平整，有不规则凿痕。左、右侧面欠平整。
所属墓群	
组合关系	横楣石，与左、右门柱为墓室北壁三石组合。
画面简述	画面横向分为左、中、右三格。左两格，上、下两栏，上栏刻卷云纹，下栏为杂耍技击图。画面上帷幔下垂，显为厅堂之内。技击的四位武士或束发成髻，或发束于脑后飘扬。居右者各一手持巾，居两武士正在交手，一手执短棒向对手冲击，居左者持钩镶抵挡。另外两武士朝技击的两人飞奔，一羽人攀爬。二层楼顶有一猿，一羽人攀爬，楼外高大的门阙边两人拱手站立，阙顶各有人面鸟站立。中格刻一座两层阁楼，一层楼内有下垂的帷幔。二层楼顶有一猿，阙楼两边跨出格栏，各有一辆辎车相向停留。右格分上、下两栏。上栏为卷云纹，下两栏。上栏为卷云纹，阙端草后两舞伎。分别着桂衣和拖地长裙，挥袖而舞。下栏一人戴进贤冠，着袍曲门阙站立。一株端草后两舞伎，旁边一人手捧一物，隐坐于地（似在伴奏？），一身着拖地长袍的女子和一头扎双髻的小孩站立观看。
著录与文献	李林、康兰英、赵力光：《陕北汉代画像石》，西安：陕西人民出版社，1995年，图621；汤池：《中国画像石全集5：陕西、山西汉画像石》，济南：山东美术出版社，2000年，图193。
出土/征集时间	1983年征集
收藏地	榆林市汉画像石馆

编号	SSX-ZZ-001-07
时代	东汉
原收藏号	0360_007
出土地	淮宁湾乡后村
原石尺寸	110×35×7
画面尺寸	90×23
质地	砂岩
原石情况	正面、背面平整。上侧面平整，有凿痕。下侧面呈毛石状。左、右侧面平整，有凿痕。
所属墓群	
组合关系	左门柱，与横楣石、右门柱为墓室北壁三石组合。
画面简述	覆钵形柱础、柱、叠涩柱头。
著录与文献	李林、康兰英、赵力光：《陕北汉代画像石》，西安：陕西人民出版社，1995 年，图 622。
出土/征集时间	1983 年征集
收藏地	榆林市汉画像石馆

编号	SSX-ZZ-001-08
时代	东汉
原收藏号	0361_008
出土地	淮宁湾乡后村
原石尺寸	145×35×8
画面尺寸	92×27
质地	砂岩
原石情况	正面、背面平整。上侧面平整，有凿痕。下侧面呈毛石状。左侧面平整，有凿痕。右侧面呈毛石状。
所属墓群	
组合关系	右门柱，与横楣石、左门柱为墓室北壁三石组合。
画面简述	覆钵形柱础、柱、叠涩柱头。
著录与文献	李林、康兰英、赵力光：《陕北汉代画像石》，西安：陕西人民出版社，1995年，图623。
出土/征集时间	1983年征集
收藏地	榆林市汉画像石馆

编　　号	SSX-ZZ-002-01
时　　代	东汉
原收藏号	0363_0010
出土地	淮宁湾乡后村
原石尺寸	83×47×4
画面尺寸	75×41
质　　地	砂岩
原石情况	原石下段残佚，上段有残损。正面、背面平整。上侧面平整，凿斜条纹。下侧面为断痕。左、右侧面平整，有凿痕。
所属墓群	
组合关系	左门扉，与门楣石，左、右门柱，右门扉为墓门面五石组合。
画面简述	朱雀、铺首、龙（？）（下段残佚，据常规以及对照右门扉推测）。朱雀的羽翅、眼睛，铺首的眼、眉、鼻、口齿均采用阴线刻绘。铺首所衔的环上阴线刻三圈人字纹。
著录与文献	李林、康兰英、赵力光：《陕北汉代画像石》，西安：陕西人民出版社，1995年，图624。
出土/征集时间	1983年征集
收藏地	榆林市汉画像石馆

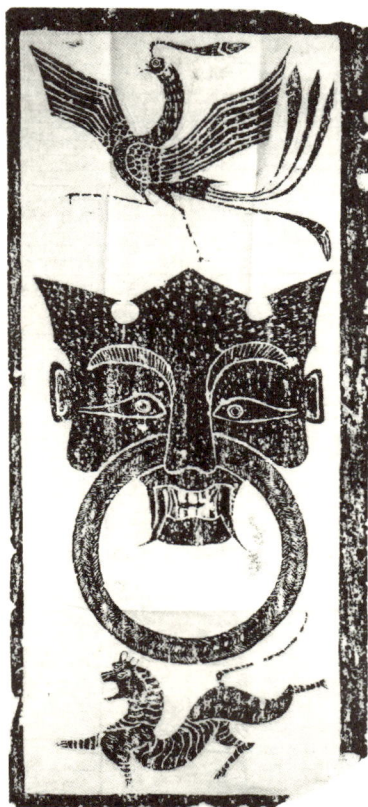

编号	SSX-ZZ-002-02
时代	东汉
原收藏号	0364_0011
出土地	淮宁湾乡后村
原石尺寸	104×47×5
画面尺寸	98×41
质地	砂岩
原石情况	正面平整，背面有剥蚀。上、下侧面欠平整，有凿痕。左、右侧面平整，有凿痕。
所属墓群	
组合关系	右门扉，与门楣石，左、右门柱，左门扉为墓门面五石组合。
画面简述	朱雀、铺首、虎。朱雀的羽翅、眼睛，铺首的眼、眉、鼻、口齿，虎身上的斑纹，均采用阴线刻绘。铺首所衔的环上阴线刻三圈人字纹。
著录与文献	李林、康兰英、赵力光：《陕北汉代画像石》，西安：陕西人民出版社，1995年，图625；汤池：《中国画像石全集5：陕西、山西汉画像石》，济南：山东美术出版社，2000年，图190。
出土/征集时间	1983年征集
收藏地	榆林市汉画像石馆

编号	SSX-ZZ-002-03
时代	东汉
原收藏号	0362_009
出土地	淮宁湾乡后村
原石尺寸	100×31×7
画面尺寸	98×24
质地	砂岩
原石情况	正面、背面平整，有不规则凿痕。上、下侧面平整。左、右侧面平整，凿人字纹。
所属墓群	
组合关系	右门柱，与门楣石、左门柱，左、右门扉为墓门面五石组合。
画面简述	画面分为上、下两格，上格又分左、中、右三栏。右栏为变形夔龙纹，中栏为绶带穿璧纹。左栏自上而下分五层，第一层：历史故事"周公辅成王"。幼小的成王头戴王冠，身着长袍，腰挂绶带垂袖站立。左一人戴进贤冠，身着襜褕，右手举华盖（？）罩于成王头顶。居右者亦戴进贤冠，身着襜褕，左手举旌站立。第二层：两人头戴平巾帻，身着锦衣，背负棨戟状物，举手交谈。第三层：两人头戴力士冠，身着长襦大袴，共握一环首刀较劲。第四层：两人头戴山形冠，着袍，共坐于同一琴旁，居左者伸出五指已在弹琴，居右者双手合十，应是鼓掌。第五层：左头戴山形冠的男性（？），内着紧身长袖服，外穿袿衣（？），挥袖舞蹈。居右者头戴平巾帻，身着长袖襦衣，相伴挥袖起舞。下格刻一株枝叶繁茂的连理树下，一牛并足低首，朝树干用力抵去，树枝间一鸟伫立。
著录与文献	李林、康兰英、赵力光：《陕北汉代画像石》，西安：陕西人民出版社，1995年，图626；汤池：《中国画像石全集5：陕西、山西汉画像石》，济南：山东美术出版社，2000年，图191。
出土/征集时间	1983年征集
收藏地	榆林市汉画像石馆

编号	SSX-ZZ-003-01
时代	东汉
原收藏号	0853_0021
出土地	苗家坪乡
原石尺寸	134×36
画面尺寸	110×34.5
质地	砂岩
原石情况	正面平整。背面右段平整，左段凹凸不平。上侧面靠正面处凿粗斜条纹。下侧面平整，凿规则的人字纹和条纹。左侧面次平整，右侧面残缺呈呈毛石状。
所属墓群	
组合关系	门楣石，组合关系不明。
画面简述	画面分为内、外两栏。外栏左上端阴刻一圆形，象征日（月）。日（月）下刻龙。外栏右端为车骑行进。从左至右为从骑、轺车，最前一株仙草。内栏刻灵禽瑞兽，有龙、马、人面鸟、兔、鹿、朱雀、凤鸟。它们或奔走，或伫立，或飞翔。上有飞鸟翱翔。
著录与文献	汤池：《中国画像石全集5：陕西、山西汉画像石》，济南：山东美术出版社，2000年，图197。
出土/征集时间	1989年征集
收藏地	榆林市汉画像石馆

编号	SSX-ZZ-003-02
时代	东汉
原收藏号	0851_0019
出土地	苗家坪乡
原石尺寸	149×44×7
画面尺寸	92×30
质地	砂岩
原石情况	正面平整，背面凹凸不平。上侧面平整，下侧面呈毛石状。左侧面呈毛石状。右侧面平整，凿斜条纹。
所属墓群	
组合关系	左门柱，与门楣石，右门柱，左、右门扉为墓门面五石组合。
画面简述	画面分为上、下两格，上格分左、右两栏。上格左栏分三格。第一格：玉兔捣药、羽人献仙草；第二格：人立龙、虎相对。第三格：鸡、鸭、猪（？）。上格右栏分三格。第一格：神山仙树之上，两神仙博弈。树干间站立雄鹿。第二格：双头鹿、卧鹿。第三格：朱鹭，蹲狗。底格：牛车。
著录与文献	汤池：《中国画像石全集 5：陕西、山西汉画像石》，济南：山东美术出版社，2000 年，图 196。
出土/征集时间	1989 年征集
收藏地	榆林市汉画像石馆

编号	SSX-ZZ-003-03
时代	东汉
原收藏号	0852_0020
出土地	苗家坪乡
原石尺寸	148×46×（9-15）
画面尺寸	93×30
质地	砂岩
原石情况	正面、背面平整。上侧面平整，凿粗条纹。下侧面呈毛石状。左侧面平整，凿粗条纹。右侧面欠平整。
所属墓群	
组合关系	右门柱，与门楣石，左门柱，左、右门扉为墓门面五石组合。
画面简述	画面共分九格，自上而下左、右一至三格图像完全相同，是使用同一模板制作。第一格：一舞伎身着袿衣，挥袖起舞，身后一头梳双髻的小孩站立观看。第二格：两妇人头梳垂髻髻，身着拖地长裙，拥袖面左而立。第三格：两妇人头梳垂髻髻，身着长裙，正面站立。第四格左栏一人头戴通天冠，身着襜褕，面右站立，摊开双手，似在讲述。身后一人头戴帻巾，着袍袖手站立。右栏一人头戴进贤冠，着袍站立，双臂弯曲伸双手向上，似在与左立者对话。其身后一人戴冠着袍，面右双膝跪地，双手捧笏（牍？简？）。下格刻一辆奔驰的马车。
著录与文献	汤池：《中国画像石全集 5：陕西、山西汉画像石》，济南：山东美术出版社，2000 年，图 195。
出土/征集时间	1989 年征集
收藏地	榆林市汉画像石馆

编号	SSX-ZZ-003-04
时代	东汉
原收藏号	0850_0018
出土地	苗家坪乡
原石尺寸	149×47×8
画面尺寸	88×38
质地	砂岩
原石情况	正面平整。背面上段凹凸不平，下段平整。上侧面平整，有凿痕。下侧面呈毛石状。右侧面呈毛石状。左侧面平整，凿斜条纹。
所属墓群	
组合关系	左门柱
画面简述	斗栱。刻覆斗形柱础、柱、斗栱。柱两旁阳刻绶带穿璧。
著录与文献	未发表
出土/征集时间	1989 年征集
收藏地	榆林市汉画像石馆

编号	SSX-ZZ-003-05
时代	东汉
原收藏号	0849_0017
出土地	苗家坪乡
原石尺寸	148×（32-48）×10
画面尺寸	86×38
质地	砂岩
原石情况	正面平整。背面上段凹凸不平，下段平整。上侧面平整，有凿痕。下侧面呈毛石状。右侧面呈毛石状。左侧面平整，凿斜条纹。
所属墓群	
组合关系	右门柱
画面简述	斗栱。刻覆斗形柱础、柱、斗栱。柱两旁阳刻绶带穿璧。
著录与文献	未发表
出土/征集时间	1989 年征集
收藏地	榆林市汉画像石馆

编号	SSX-ZZ-003-06
时代	东汉
原收藏号	0848_0016
出土地	苗家坪乡
原石尺寸	134×（13-15）×4
画面尺寸	100×7
质地	砂岩
原石情况	正面、背面平整，凿人字纹。上侧面与横楣石接茬处有台，留有插铁板痕，下侧面呈毛石状。左、右侧面欠平整。
所属墓群	
组合关系	
画面简述	带篆味的隶体阳刻"永元十二年西河府史郭元通吉宅"十四个字。
著录与文献	未发表
出土/征集时间	1989 年征集
收藏地	榆林市汉画像石馆

编号	SSX-ZZ-004
时代	东汉
原收藏号	0854_0022
出土地	苗家坪乡
原石尺寸	121×37
画面尺寸	110.5×35
质地	砂岩
原石情况	原石断为两截。正面平整。背面右段平整，左段凹凸不平。上侧面靠正面处凿粗斜条纹。下侧面平整，凿侧则的八字纹斜条纹。左、右侧面大平整。
所属墓群	
组合关系	门楣石，组合关系不明。
画面简述	画面分为内、外两栏。外栏右上端阳刻一圆形，象征日（月）。日（月）下刻龙纹。中间为车骑行进图。从右至左排布两辆轺车，导骑，从卫，相随奔驰。内栏刻狩猎图。两猎手同射惊恐奔走的鹿、兔、狐等。
著录与文献	汤池：《中国画像石全集5：陕西、山西汉画像石》，济南：山东美术出版社，2000年，图197。
出土/征集时间	1989年征集
收藏地	榆林市汉画像石馆

国家出版基金项目
NATIONAL PUBLICATION FOUNDATION

汉画总录

9

吴堡

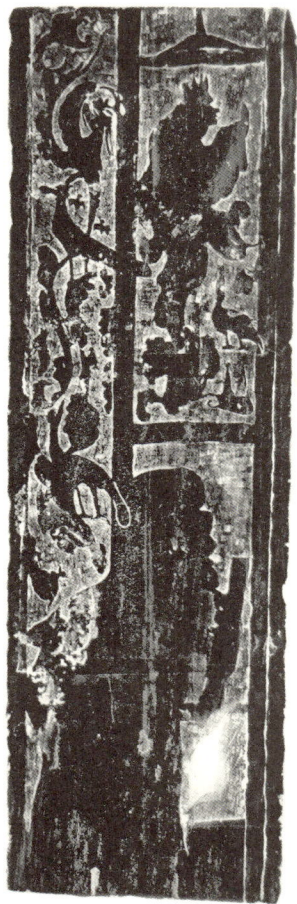

编号	SSX-WB-001-02
时代	东汉
原收藏号	W005
出土地	李家塌乡
原石尺寸	123×37
画面尺寸	114×31
质地	砂岩
原石情况	原石断为两截。
所属墓群	
组合关系	左门柱，与门楣石，右门柱，左、右门扉为墓门面五石组合。
画面简述	画面分内、外两栏。外栏刻卷云禽兽纹。内栏东王公顶罩华盖，头戴王冠，身着长袍，手捧一物似圭，侧身坐于神树之上。其下一门吏戴冠着袍，手捧牍板（简？）面门而立。
著录与文献	李林、康兰英、赵力光：《陕北汉代画像石》，西安：陕西人民出版社，1995年，图648；汤池：《中国画像石全集5：陕西、山西汉画像石》，济南：山东美术出版社，2000年，图210。
出土/征集时间	不详
收藏地	榆林市汉画像石馆

编号	SSX-WB-001-03
时代	东汉
原收藏号	W006
出土地	李家塥乡
原石尺寸	121×37
画面尺寸	91×31
质地	砂岩
原石情况	原石断为两截。
所属墓群	
组合关系	右门柱，与门楣石，左门柱，左、右门扉为墓门面五石组合。
画面简述	画面分内、外两栏。外栏刻卷云鸟兽纹。内栏为西王母顶罩华盖，臂背长满羽翼，侧身坐于仙山神树之上。树间一鸟站立，一狐奔走。其下一门吏戴冠着宽袍，弯腰弓背，执彗面门站立。
著录与文献	李林、康兰英、赵力光：《陕北汉代画像石》，西安：陕西人民出版社，1995年，图651；汤池：《中国画像石全集5：陕西、山西汉画像石》，济南：山东美术出版社，2000年，图209。
出土/征集时间	不详
收藏地	榆林市汉画像石馆

编号	SSX-WB-001-04
时代	东汉
原收藏号	W001
出土地	李家塬乡
原石尺寸	107×49
画面尺寸	95×40
质地	砂岩
原石情况	原石右上角残缺。
所属墓群	
组合关系	左门扉，与门楣石，左、右门柱，右门扉为墓门面五石组合。
画面简述	朱雀、铺首、独角兽。
著录与文献	李林、康兰英、赵力光：《陕北汉代画像石》，西安：陕西人民出版社，1995年，图649。
出土/征集时间	不详
收藏地	榆林市汉画像石馆

编号	SSX-WB-001-05
时代	东汉
原收藏号	W002
出土地	李家塬乡
原石尺寸	107×47
画面尺寸	97×35
质地	砂岩
原石情况	原石右上角残佚。
所属墓群	
组合关系	右门扉，与门楣石，左、右门柱，左门扉为墓门面五石组合。
画面简述	朱雀、铺首、独角兽。
著录与文献	李林、康兰英、赵力光：《陕北汉代画像石》，西安：陕西人民出版社，1995年，图650。
出土/征集时间	不详
收藏地	榆林市汉画像石馆

编号	SSX-WB-002
时代	东汉
原收藏号	W007
出土地	李家塬乡
原石尺寸	127×37
画面尺寸	87×28
质地	砂岩
原石情况	原石断为两截。
所属墓群	
组合关系	左门柱，与门楣石，右门柱，左、右门扉为墓门面五石组合。
画面简述	画面分上、下两格。上格分内、外两栏。外栏刻卷云瑞兽纹。内栏西王母坐于仙山神树之上，左右有羽人、玉兔跪侍。树干间有狐、鹿、鸟。下方一门吏头戴帻巾，身着长襦短袴，执彗站立。下格刻牛车。
著录与文献	李林、康兰英、赵力光：《陕北汉代画像石》，西安：陕西人民出版社，1995年，图646。
出土/征集时间	不详
收藏地	榆林市汉画像石馆

国家出版基金项目
NATIONAL PUBLICATION FOUNDATION

汉画总录

9

靖边

编号	SSX-JB-001-01
时代	东汉
原收藏号	1267.3
出土地	寨山村
原石尺寸	198×38×6
画面尺寸	150×34
质地	砂岩
原石情况	正面、背面平整。上侧面平整，左、右两端凿规整的人字纹，中间凿不规整条纹。下侧面平整，右大段凿规整的人字纹，左大段小部分凿不规整条纹。左、右侧面皆呈毛石状。
所属墓群	
组合关系	门楣石，与左、右门柱、左、右门扉为墓门面五石组合。
画面简述	画面分为内、外两栏。外栏刻画卷云鸟兽纹。左、右两端阴刻一圆形，象征日、月。左下刻玉兔捣药，右下刻两朱雀一飞一立。卷云中穿插羽人、虎、人面鸟、鹿、飞鸟、麒麟，以及羽人搜怪兽尾、怪兽咬虎尾等形象。此类卷云鸟兽纹是陕北画像石中常用的格套之一。内栏为车骑狩猎图。画面左两猎手围射奔逃的鹿、兔、狐、野羊等。右面一辆轺车，一辆辎车相随而行，前有荷弓箭的导骑，后有徒手骑吏从卫。补白图像有苍鹰踏兔、飞鸟、瑞草（云禾？）。
著录与文献	汤池：《中国画像石全集5：陕西、山西汉画像石》，济南：山东美术出版社，2000年，图231。
出土/征集时间	1992年征集
收藏地	靖边县文管所

编号	SSX-JB-001-02
时代	东汉
原收藏号	1267_5
出土地	寨山村
原石尺寸	137×37×6
画面尺寸	109×32
质地	砂岩
原石情况	正面平整，背面欠平整，有凿痕。上侧面平整，下侧面欠平整。左、右侧面皆平整，凿不规整人字纹、条纹。
所属墓群	
组合关系	左门柱，与门楣石，右门柱，左、右门扉为墓门面五石组合。
画面简述	画面自上而下分为五格，第一格又分内、外两栏。外栏三格，分别为：人首蛇身的女娲，麒麟、卧鹿，身着拖地袿衣的舞伎。内栏分上下两格：上格为西王母头戴胜仗，身着袍衣坐于仙山神树之上，左右有玉兔捣药、羽人敬献灵芝仙草。树干间金乌站立，一虎作长啸奔走状，一九尾狐站立；下格为一舞女身着拖地长裙，挥舞长袖，翩翩起舞。另一人戴冠着袍踞坐于地，伴奏。第二格是排列整齐的穗子低垂的谷穗图和两只雁。第三格为二牛抬杠式牛耕图和一株瑞草（一朵卷云？）。第四格刻一玄武。第五格刻一翼龙和卷云。
著录与文献	汤池：《中国画像石全集5：陕西、山西汉画像石》，济南：山东美术出版社，2000年，图233。
出土/征集时间	1992年出土
收藏地	靖边县文管所

编号	SSX-JB-001-03
时代	东汉
原收藏号	1267_4
出土地	寨山村
原石尺寸	135×37×7
画面尺寸	107×31
质地	砂岩
原石情况	正面、背面平整。上侧面平整，下侧面呈毛石状。左侧面平整，凿规整的人字纹。右侧面平整，凿不规则人字纹。
所属墓群	
组合关系	右门柱，与门楣石，左门柱，左、右门扉为墓门面五石组合。
画面简述	画面分为内、外两栏，外栏分为七格，第一、第二格为：人首蛇身的伏羲，人面鸟、羽人敬献仙草；第三格与内栏第二格为一组画面：羽人双手执瑞草，呈弓箭步向跨栏站立的朱雀敬献，右上有一飞翔的朱雀。第四格与内栏第三格为一组画面：两人站立，居左者头戴进贤冠，身着襜褕，双手摊开，面右作讲述状。其身后一人戴帻巾着袍，手捧简牍跪于地（捧笏跪地作拜见状？）。居右者头戴帻巾，身着长袍，袖手面向讲述者而立。第五格与内栏第四格为一组画面：两武士各持钩镶和剑搏击。第六格置一博山炉形的不明物。第七格一马伫立。内栏第一格：东王公侧身坐于仙山神树之上，与羽人博弈。一龙缠于树干上，一雄鹿站立。第五格为连理树下两人背向站立，一人持棨戟，一人捧物对应右格之马。左、右门柱画面上人物的衣服、朱雀、马口、玄武等施红彩。
著录与文献	汤池：《中国画像石全集 5：陕西、山西汉画像石》，济南：山东美术出版社，2000 年，图 232。
出土/征集时间	1992 年征集
收藏地	靖边县文管所

编号	SSX-JB-001-04
时代	东汉
原收藏号	1267_2
出土地	寨山村
原石尺寸	112×50×5
画面尺寸	92×36
质地	砂岩
原石情况	正面、背面平整。上侧面平整，靠正面部分凿人字纹，靠背面凿斜条纹。左侧面平整，凿人字纹。右侧面呈马蹄面，有凿痕。
所属墓群	
组合关系	左门扉，与门楣石，左、右门柱，右门扉为墓门面五石组合。
画面简述	朱雀、铺首、独角兽。画面空白处填刻了仙草。朱雀、铺首、独角兽的口均施红彩。
著录与文献	未发表
出土/征集时间	1992 年征集
收藏地	靖边县文管所

编号	SSX−JB−001−05
时代	东汉
原收藏号	1267_1
出土地	寨山村
原石尺寸	110×50×5
画面尺寸	92×36
质地	砂岩
原石情况	正面、背面平整。上侧面靠正面部分凿条纹，靠背面部分有凿痕。下侧面平整。左侧面呈马蹄面，有凿痕。右侧面平整，有凿痕。
所属墓群	
组合关系	右门扉，与门楣石，左、右门柱，左门扉为墓门面五石组合。
画面简述	朱雀、铺首、独角兽。画面空白处填刻了仙草。朱雀、铺首、独角兽的口均施红彩。
著录与文献	未发表
出土/征集时间	1992 年征集
收藏地	靖边县文管所

国家出版基金项目
NATIONAL PUBLICATION FOUNDATION

汉画总录

9

横山

编号	SSX-HS-001-01
时代	东汉
原收藏号	195
出土地	党岔乡孙家园子大队王家洼村
原石尺寸	232×33×10
画面尺寸	230×33
质地	砂岩
原石情况	正面、背面平整。上、下、左、右侧面平整，凿刻较细的人字纹。
所属墓群	1992M1
组合关系	横楣石，与左、右门柱，中柱石为墓室前室后壁四石组合。
画面简述	画面分为四栏，两外栏为变形夔龙纹和绶带穿璧纹，与左右门柱石外、中栏纹饰相同并且相互衔接。内栏分为上、下两层。上层一扇装饰铺首衔环的门扉将画面分成两个部分。左边刻画了人物拜谒图。主人身着长袍、头戴进贤冠跽坐于几前。墙上挂一近似五边形的不明物（箭袋？）和一弩。箭袋四边由阴线刻画，阴线之外刻排列整齐的粗短平行线条，似表示装饰的络缨。身后站立的两人皆着袍戴进贤冠，前一人肩荷金吾，后一人俯首执袋状物。主人面前一人匍匐于地跪拜，另三人俯首躬身行晋见礼。均着袍戴进贤冠。门右为农牧业生产、生活图。画面分为三组：第一组一仙鹤曲颈向门，喙衔一蛇尾形物（？）；三武士身着短襦裤（赤身裸体？），头戴力士冠（？），双手持棍状武器，奋力搏斗。另外两武士身着短襦裤，头戴力士冠（？），挥臂冲击。另有两人亦手持短棍，蹲于地准备迎击还是观看（？），五位武士中有三位生出短尾（？）。第二组为牛耕图。图中耕者身着短褐，左手扬鞭，右手扶犁。迈开双腿驱牛前行犁地。第三组为牧场图。耕牛前一人身着长袍，头戴平巾帻，手执一柱状物站立，面前一着袍人，头戴帻巾跪于地，双手前伸，右手托一杯状物作敬献状（依据右边画面内容，杯内应为牛或羊奶）。身后一牛一羊，地上各置一盆。两人分别跪于牛羊身后，伸双手于牛羊腹下挤奶。又一人着袍站立于地，双手前伸，嬉斗面前双足并拢、俯首奋力前抵的牛。牛背上站立一只小羊羔。周围四只小羊羔或奔走，或伫立，或回首，悠闲自在，憨态可掬。最右一组为一人拉马缰站立，马抬右后蹄朝另一人腹部蹬去，被踢之人仰面倒地。
著录与文献	汤池：《中国画像石全集 5：陕西、山西汉画像石》，济南：山东美术出版社，2000 年，图 230。
出土/征集时间	1992 年征集
收藏地	榆林市汉画像石馆

编号	SSX-HS-001-02
时代	东汉
原收藏号	196
出土地	党岔乡孙家园子大队王家洼村
原石尺寸	140×30×10
画面尺寸	140×28
质地	砂岩
原石情况	正面、背面平整。上、下、左、右侧面平整，凿刻规整的人字纹。
所属墓群	
组合关系	左门柱，与横楣石、右门柱、中柱石为墓室前室后壁四石组合。
画面简述	画面分为上、下两格，上格分为左、中、右三栏。左、中栏画面与横楣石外、中栏完全相同并且相吻合连接。右栏自上而下分为三组：第一组为人首蛇身的伏羲（？），一人头戴平巾帻，身着斜衽无领宽衣，双臂弯曲于胸前，双腿外撇站立，脚下鸡鸭嬉戏。下一组为庖厨图，一人跽坐于灶台前，手执一棒，似在通火。灶台上安放大锅，墙上吊挂猪、羊腿；一人站立井旁，双手拽拉井绳，利用辘轳吊水，后有一灶；一人坐于火盆前，手执两串肉，伸向火盆灼烤；下面一头已经被杀的猪四蹄朝天，一只被绳子拴着的狗作吠叫状。下格一人跪于山前，山上松柏成林，山下柴草交叠处放置一剑，剑柄清晰可见，应为深山铸剑图。
著录与文献	汤池：《中国画像石全集5：陕西、山西汉画像石》，济南：山东美术出版社，2000年，图230。
出土/征集时间	1992年征集
收藏地	榆林市汉画像石馆

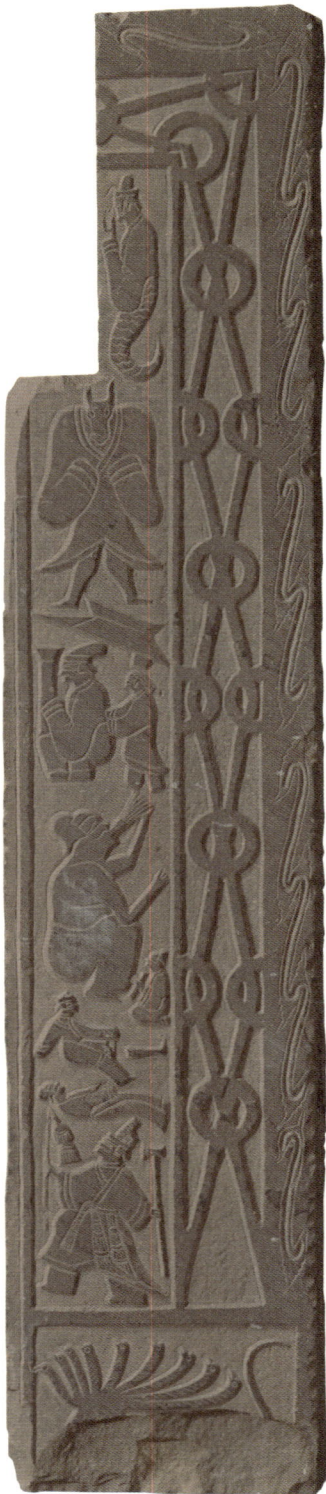

编号	SSX-HS-001-03
时代	东汉
原收藏号	197
出土地	党岔乡孙家园子大队王家洼村
原石尺寸	140×30×10
画面尺寸	140×27
质地	砂岩
原石情况	正面、背面平整。上、下、左、右侧面平整，凿刻规整的人字纹。
所属墓群	
组合关系	右门柱，与横楣石、左门柱、中柱石为墓室前室后壁四石组合。
画面简述	画面分为三栏，右、中栏与横楣石上、中栏完全相同并且相吻合连接。左栏画面自上而下分为五组：第一组为人首蛇身的女娲执规，一牛首人身者着斜衽无领宽衣，双臂弯曲于胸前，双腿外撇站立。第二组一人着袍戴帻，坐于方形柱前，立者着长襦大袴，披发至肩，袖手前行。第三组一人裸上身蹲于地，口中衔一筒状物（吹奏乐器？），作吹火状（？）。另一人跪于地，手执一三棱形物。第四组一人倒地，左腿横断，弃离一边（疑为孙庞斗智故事孙膑被削腿的情节）。一人头戴帻巾，两臂下垂站立（？），作惊恐状。下一武士右手执旌，左手拿长柄斧。下格为兽身九头鸟。
著录与文献	汤池：《中国画像石全集 5：陕西、山西汉画像石》，济南：山东美术出版社，2000 年，图 230。
出土/征集时间	1992 年征集
收藏地	榆林市汉画像石馆

编号	SSX-HS-001-04
时代	东汉
原收藏号	198
出土地	党岔乡孙家园子大队王家洼村
原石尺寸	106×24×10
画面尺寸	100×21
质地	砂岩
原石情况	原石下段残损。正面、背面平整。上、下、左、右侧面平整，凿刻规整的人字纹。
所属墓群	
组合关系	中柱石，与横楣石，左、右门柱为墓室前室后壁四石组合。
画面简述	画面自上而下共分四组：最上一裸体妇人，双乳坦露，双腿叉开蹲于地，双臂从肘部向上弯曲，上臂粗壮。第二组一人坐于地，左手拿錾，右手举锤。第三组一人颈盘长蛇，蛇首、尾向上弯翘超过头顶。第四组一男性头戴平巾帻，上身着无领宽衣，裸下身，双腿岔开坐于地。下格似为博山炉。人物的五官、衣纹均以阴线刻划。
著录与文献	汤池：《中国画像石全集 5：陕西、山西汉画像石》，济南：山东美术出版社，2000 年，图 230。
出土/征集时间	1992 年征集
收藏地	榆林市汉画像石馆
备注	原石残断，左、右门柱上部凸起的石面上分别刻人首、人身蛇尾的伏羲、女娲，分别手执规、矩，与横楣石组合后，图像出现在楣石的画面上。

编号	SSX-YY-001-05
时代	东汉
原收藏号	y0048
出土地	古城滩南梁村
原石尺寸	111×50
画面尺寸	
质地	砂岩
原石情况	
所属墓群	
组合关系	右门扉，与门楣石，左、右门柱，左门扉为墓门面五石组合。
画面简述	朱雀、铺首、独角兽。铺首的眼睛阴线刻两菱形，口衔的环内填一翼龙。画面空白处补白了朱雀、人面鸟、龙、熊（？）和双手持灵芝的羽人。
著录与文献	李林、康兰英、赵力光：《陕北汉代画像石》，西安：陕西人民出版社，1995年，图25。
出土/征集时间	1955年征集
收藏地	西安碑林博物馆

编号	SSX-QJ-005-01
时代	东汉
原收藏号	Q7 A 九二 126
	（原编号分别为原收藏单位清涧县文管所和调拨陕西省历史博物馆之后的编号）
出土地	折家坪乡贺家沟
原石尺寸	195×37×5
画面尺寸	150×31
质地	砂岩
原石情况	正面欠平整，部分剥蚀。画面中间轺车处凸起。其余物像依石面高低走向而刻。背面平整。上、下侧面平整，有不规则凿纹。左侧面平整。右侧面呈毛石状。
所属墓群	
组合关系	门楣石，与左、右门柱，左、右门扉为墓门面五石组合。
画面简述	画面分为内、外两栏。外栏刻卷云纹。内栏为车骑狩猎图。画面右端两猎手张弓追射奔逃的鹿，一只猎犬随猎手奔走。两骑史之后五匹马齐头并进，骑史均肩扛棒状物（金吾？），左边的骑史荷旌迎风飘扬。接着一辆轺车之后辎车紧随，车前有导骑，后有从卫。车骑之后两猎手在狂奔的马背上，翻身朝后瞄射猛扑而来的虎。
著录与文献	李林、康兰英、赵力光：《陕北汉代画像石》，西安：陕西人民出版社，1995年，图634；汤池：《中国画像石全集5：陕西、山西汉画像石》，济南：山东美术出版社，2000年，图207。
出土/征集时间	1972年征集
收藏地	陕西省历史博物馆

编号	SSX-QJ-005-03
时代	东汉
原收藏号	Q6A A 九二 128（原编号分别为原收藏单位清涧县文管所和调拨陕西省历史博物馆之后的编号）
出土地	折家坪乡贺家沟
原石尺寸	124×38
画面尺寸	39×7
质地	砂岩
原石情况	正面平整，上部剥蚀严重。背面平整，有剥蚀。上侧面平整。下侧面呈毛石状。左侧面下端有 14 厘米长的凸起，其余部分平整，凿人字纹。右侧面平整靠正面凿斜条纹。
所属墓群	
组合关系	右门柱，与门楣石、左门柱，左、右门扉为墓门面五石组合。
画面简述	画面分为内、外两栏。外栏为卷云纹。内栏亦有一神仙(东王公？)坐于仙山神树之上，头顶有卷云状树冠笼罩（华盖？），树干间一羽人张开双臂，劈开双腿站立。树下一人戴冠着袍，持彗面门站立。
著录与文献	李林、康兰英、赵力光：《陕北汉代画像石》，西安：陕西人民出版社，1995 年，图 637;汤池:《中国画像石全集 5:陕西、山西汉画像石》，济南:山东美术出版社，2000 年，图 203。
出土/征集时间	1972 年征集
收藏地	陕西省历史博物馆

编号	SSX-QJ-009
时代	东汉
原收藏号	Q8
出土地	折家坪乡贺家沟
原石尺寸	119×39×7
画面尺寸	
质地	砂岩
原石情况	正面、背面平整。上侧面欠平整，有凿痕。下侧面呈毛石状。左侧面呈毛石状。右侧面平整，有凿痕。
所属墓群	不详
组合关系	右门柱
画面简述	画面分为左、中、右三栏，左、右两栏均为卷云纹。中栏分上、下两格。上格刻西王母头戴胜仗，侧身坐于神树之上，云纹状树冠罩于头顶（华冠？），面前一仙人站立。树干间有羽人、鹿、飞鸟。下格刻卷云、虎。
著录与文献	李林、康兰英、赵力光：《陕北汉代画像石》，西安：陕西人民出版社，1995 年，图 642;汤池:《中国画像石全集 5:陕西、山西汉画像石》，济南:山东美术出版社，2000 年，图 205。
出土/征集时间	1972 年征集
收藏地	榆林市汉画像石馆

编号	SSX-WB-001-01
时代	东汉
原收藏号	W004
出土地	李家塌乡
原石尺寸	92×35
画面尺寸	86×33
质地	砂岩
原石情况	原石右段残佚。
所属墓群	
组合关系	门楣石，与左、右门柱，左、右门扉为墓门面五石组合。
画面简述	画面分为内、外两栏。外栏刻卷云纹，其间有鸟兽。内栏为车骑出行。画面可见两辆轺车和两骑吏。
著录与文献	李林、康兰英、赵力光：《陕北汉代画像石》，西安：陕西人民出版社，1995年，图647；汤池：《中国画像石全集5：陕西、山西汉画像石》，济南：山东美术出版社，2000年，图208。
出土/征集时间	不详
收藏地	吴堡县文管所

编号	SSX-WB-003
时代	东汉
原收藏号	W003
出土地	境内
原石尺寸	89×34
画面尺寸	72×17
质地	砂岩
原石情况	原石右段残佚。
所属墓群	
组合关系	不详
画面简述	卷云禽兽纹。
著录与文献	未发表
出土/征集时间	不详
收藏地	吴堡县文管所